कैसे बने धनवान

कैसे बने धनवान

वेद और पुराण की वह 12 सीख जो मैं कभी नहीं भूला

देवदत्त पट्टनायक

लेखक द्वारा चित्रित

अनुवाद : मिहीर सासवडकर

रूपा

प्रकाशक
रूपा पब्लिकेशंस इंडिया प्राइवेट लिमिटेड 2019
7/16, अंसारी रोड, दरयागंज, नई दिल्ली 110002

सेल्स सेण्टर:
इलाहबाद, बेंगलुरु, चेन्नई,
हैदराबाद, जयपुर, काठमाण्डू,
कोलकाता, मुंबई

कॉपीराइट © देवदत्त पट्टनायक 2019
चित्रण कॉपीराइट © देवदत्त पट्टनायक 2019

इस पुस्तक में व्यक्त विचार लेखक के अपने हैं और तथ्य उनके
द्वारा सूचित किए गए हैं जिन्हें सम्भावित सीमा तक सत्यापित किया गया है।
प्रकाशक किसी भी तरह से उनके लिए उत्तरदायी नहीं हैं।

सर्वाधिकार सुरक्षित

प्रकाशक की पूर्व अनुमति के बिना इस प्रकाशन का कोई भी हिस्सा किसी भी रूप में या
किसी भी प्रकार से, इलेक्ट्रॉनिक, मशीनी, फ़ोटोकॉपी, रिकॉर्डिंग या किसी और ज़रिए द्वारा
प्रतिलिपित, प्रेषित या संचित नहीं किया जा सकता।

ISBN: 978-93-5333-736-0

प्रथम संस्करण 2019

10 9 8 7 6 5 4 3 2 1

देवदत्त पट्टनायक इस पुस्तक के लेखक होने के नैतिक अधिकार का दावा करते हैं।

यह संस्करण केवल भारतीय उपमहाद्वीप में विक्रय के लिए है।

डिज़ाइन और टाइपसेट स्पेशल इफ़ेक्ट्स ग्राफ़िक्स डिज़ाइन कंपनी, मुंबई द्वारा, सेबॉन में
मुद्रक: एच टी मीडिया लिमिटेड, नॉएडा

यह पुस्तक इस शर्त पर विक्रय की जा रही है कि प्रकाशक की लिखित पूर्वानुमति के बिना
इसका व्यावसायिक अथवा अन्य किसी भी रूप से उपयोग नहीं किया जा सकता।
इसे पुनः प्रकाशित कर विक्रय या किराए पर नहीं दिया जा सकता है तथा जिल्दबंद अथवा
किसी भी अन्य रूप में पाठकों के मध्य इसका परिचालन नहीं किया जा सकता।

उन सभी लोगों को समर्पित जो चाहते हैं कि
लक्ष्मी उनकी ओर आए

अनुवादक की ओर से

यह किताब मौलिक रूप से एक अलग किताब है। इसका अनुवाद दो तरह की दुनिया को मिलाता है। अंग्रेज़ी और हिन्दी की दुनिया। देवदत्त पट्टनायक की भाषा सरल और सटीक है। उनके शब्द एक तस्वीर बनाते हैं। ऐसे में अंग्रेज़ी में सोचे गए शब्दों को हिन्दी की शक्ल देने में जो चुनौती आई है, आशा है पाठक उसे समझ पाएंगे।

विषय-सूची

भूमिका	1
1. क्या धनी बनने की इच्छा आम बात है ? सीखते है भूख के बारे में अन्नपूर्णा से	7
2. कैसे कमाएं धन ? सीखते हैं लेन-देन के बारे में ब्रह्मा से	13
3. कैसे हम गँवाते हैं धन ? सीखते हैं आत्मतुष्टि के बारे में बृहस्पति से	27
4. कौन करेगा भुगतान ? सीखते हैं ऋणों के बारे में अगस्त्य से	33
5. कैसे बचाएं हम अपने धन को ? सीखते हैं बचत के बारे में सत्यभामा से	39
6. क्यों हम हड़पते हैं धन ? सीखते हैं लूट और शोषण के बारे में कुबेर से	45
7. कैसे संभाले हम अपने धन को ? सीखते हैं हिसाब और आयोजन के बारे में गणेश से	51
8. क्यों हम कर से नहीं पा सकते मुक्ति ? सीखते हैं निष्पक्षता के बारे में शुक्र से	61
9. कैसे करें धन की सुरक्षा ? सीखते हैं बीमा और वसीहत के बारे में हनुमान से	69
10. कैसे करें धन को आकर्षित ? सीखते हैं रेफेरल्स और रिपीट ऑर्डर्स के बारे में विष्णु से	75
11. कैसे धन को बाँटा जाए ? सीखते हैं दान के बारे में वरुण से	81
12. कैसे बढ़ाएँ हम धन को ? सीखते हैं ऋण और इक्विटी के बारे में शकंबरी से	91
निष्कर्ष	103
आभार	108

विषय-सूची

भूमिका
वेद और पुराणों ने मुझे धन और वाणिज्य के बारे में क्या सिखाया

भारत में धन की देवी लक्ष्मी पूजी जाती हैं। वेद और पुराणों में उनका बहुत उल्लेख किया गया है। वेद 3000 वर्ष से भी ज़्यादा पुराने हैं जबकि पुराण को लिखें लगभग 2000 वर्ष हो गए। यह दोनों मिलकर हिंदू परंपरा के ज्ञान के प्रमुख स्रोत हैं।

वेदों में, लक्ष्मी को श्री कहा गया है। वैदिक स्तोत्रों में उनका आवाहन अनाज, सोना, गाय, घोड़े, संतान, प्रसिद्धि और महिमा के लिए किया जाता है।

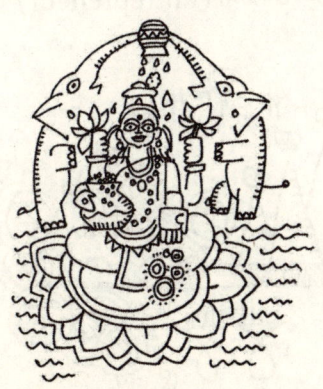

बौद्ध, जैन और हिंदू धर्मियों के लिए लक्ष्मी या श्री धन, समृद्धि, प्राचुर्य, संपन्नता और खुशहाली की चंचल देवी हैं।

पुराणों में वे हाथ ना आने वाली देवी हैं - जबकि देव, असुर और यक्ष सभी उन्हें चाहते हैं, वे केवल विष्णु को अपना पति चुनती हैं। उनका आगमन शुभ और मंगल माना जाता है क्योंकि जब वे आती हैं तब हमें लगता है कि हम स्वर्ग में हैं। उनका जाना अशुभ और अमंगल माना जाता है। यह इसलिए कि उनके जाने पर हम दरिद्र बन जाते हैं, हम ऋण में डूब जाते हैं और हमें ऐसे लगता है कि हम नरक में फँस गए हैं।

मंदिरों में, देवताओं को सोने और गहनों से सुशोभित किया जाता है। रिती-रिवाज़ करते समय, भोजन से लबालब भरे मटके भरमार का प्रतीक बनकर रखे जाते हैं। त्यौहारों में, हम घर साफ़ करते हैं और घर के द्वार फूलों से सजाते हैं। हम लक्ष्मी के पदचिन्ह घर की दिशा में पेंट करते हैं और संध्या के समय दिए जलाते हैं ताकि लक्ष्मी को पता चले कि उन्हें हमारे घर आना हैं। यह स्पष्ट है कि हम लक्ष्मी को बहुत चाहते हैं।

फिर भी कई रिश्तेदार और दोस्त, यहाँ तक की गुरु भी कहते हैं कि धन के बारे में हमें हमेशा नहीं सोचना चाहिए। वे कहते हैं कि चूँकि लक्ष्मी एक आध्यात्मिक धारणा हैं और धन एक सांसारिक धारणा है, उन दोनों में अंतर है। उनके अनुसार यदि हमारे घर में लक्ष्मी आएंगी तो साथ में विद्या की देवी सरस्वती चली जाएंगी। व्यवसायिक (Commercial) इस शब्द का उपयोग अक्सर अपमान के रूप में किया जाता है। उपक्रमी (Entrepreneur) और

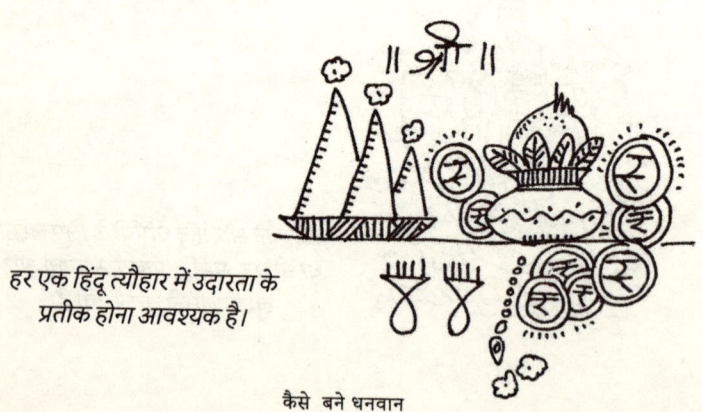

हर एक हिंदू त्यौहार में उदारता के प्रतीक होना आवश्यक है।

व्यापारियों को चोर समझकर उनपर शक किया जाता है। क्यों?

यह लक्ष्मी-निंदा क्यों? लक्ष्मी को अपने जीवन में हार्दिक स्वागत करने के बजाय हम उन्हें हमारे देश से भगा क्यों रहे हैं?

मैं जान गया कि लोग भारतीय धर्मग्रंथों के कुछ विचारों की अनदेखी कर रहे थे, जिससे उन विचारों की उपेक्षा की जा रही थी। इसलिए वेद और पुराणों में लक्ष्मी पर लिखी कहानियों की मैंने फिर से जांच की। जैसे मैं जांच करता गया, मैं समझता गया कि हिंदू धर्म व्यक्तिगत स्तर (स्व-धर्म) के साथ साथ सामाजिक स्तर (राज-धर्म) पर अर्थ-शास्त्र (economics) के बारे में बहुत कुछ कहता है।

मैं समझ गया कि धर्मग्रंथों के शब्दार्थ को नहीं बल्कि उनके भावार्थ को समझना आवश्यक था। उदाहरणार्थ, भारत को सोने की चिड़िया कहा जाता था। इसका मतलब यह नहीं है कि सुवर्ण परों वाली चिड़ियाँ यहाँ रहती थीं; बल्कि इसका मतलब यह है कि पुराने ज़माने में भारत बहुत समृद्ध था - तब हम टेक्सटाइल और मसालों का रोम जैसे दूर के देशों तक निर्यात करते थे और बदले में हम सोने का आयात करते थे।

प्रतीकों को हम मटका समझ सकते हैं और उनके अर्थ को पानी। यदि हम वेद और पुराणों के प्रतीकों में छिपे अर्थ ढूंढते हैं, तो पैसों के बारे में और धनी बनने के बारे में हम बहुत कुछ सीख सकते हैं, जैसे:

- लक्ष्मी एक चंचल देवी मानी जाती हैं। इसका मतलब यह है कि धन का मूल्य हमें सिर्फ़ तब मिलता है जब वह इधर उधर घूमता है, ना की एक जगह बंद रहने पर। जो लोग लक्ष्मी को एक जगह बंद रखते हैं उन्हें लाभ तो मिलता है लेकिन ख़ुशी नहीं मिलती, वे शुभ लाभ से वंचित रहते हैं।

- मुक्ति या मोक्ष की धारणा ऋण चुकाने से जुड़ी है।

- लेन देन या यज्ञ, जो अर्थशास्त्र की मूल अवधारणा है, धर्म (शासन) की आधारशिला है।

- भिक्षा जैसी चैरिटी, भिक्षा मिलने वाले को उसपर निर्भर कर देती है। वेद और पुराणों में ऐसी चैरिटी को इतनी सहमति नहीं दी गई। इसके बजाय, दान जैसी चैरिटी जो लोगों को स्वावलंबी बनाती है उसे ज़्यादा महत्त्व दिया गया है।

- धन को एक फल जैसे समझना चाहिए, जिसका आनंद वर्तमान में लेना चाहिए और जिसे बीज की तरह भविष्य के लिए निवेश करना चाहिए।

- प्रिथु धरती के पहले राजा थे जिन्होंने धरती को गो माता के रूप में देखा और राजपद को उस गो माता के रखवाले या गोपाल बनने के रूप में देखा। इसलिए धरती को पृथ्वी कहा जाता है। गो दान करना धरती से रोज़गार निर्माण करना है। इसलिए गो हत्या धरती के विनाश के समान है, जिसमें हमारे रोज़गार का विनाश होता है।

- हमारे जीवन में लक्ष्मी (धन) और सरस्वती (विद्या) के बीच में अनबन तब तक होती है जब तक हम विद्या-लक्ष्मी (इधर उधर घूमनेवाली लक्ष्मी की विद्या) नहीं ढूंढ लेते।

मैंने इस विषय पर बीस साल शोध किया है। पुराणशास्त्र पर पचास से ज़्यादा पुस्तक और एक हज़ार से ज़्यादा आर्टिकल लिखने से मैंने बहुत कुछ सीखा है। यह पुस्तक इन सबका परिणाम है।

19 वीं शताब्दी में ब्रिटिश लोगों के अनुसार myth/ मिथ का अर्थ बहुदेववाद था और धर्म या मज़हब का अर्थ एकेश्वरवाद था। जो लोग इस परिभाषा का पालन करते हैं वे लोग mythology/ मायथॉलॉजी और मिथ इन शब्दों से परेशान होते हैं। 21वी शताब्दी में मायथॉलॉजी का अर्थ एक

गाय रोज़गार का प्रतीक है। गाय को दान में देना रोज़गार निर्माण करने जैसा है। गाय की हत्या करना रोज़गार का नाश करने जैसा है। गाय उस धरती का प्रतीक है जिससे हम संसाधनों का 'दूध' प्राप्त करते हैं। धरती का नाश करना गो हत्या के समान है।

संस्कृति का सच है, एक समूह का सच, जो कहानियों, प्रतीकों और रिवाज़ों के माध्यम से दोहराया जाता है। बहुदेववाद, एकेश्वरवाद और अनीश्वरवाद तीनों मायथॉलॉजी के दायरे में आते हैं।

वेद और पुराण कहानी, प्रतीक और रिती-रिवाज़ों के माध्यम से हिंदुओं का सच दूसरों तक पहुंचाते हैं। यह ना तो fiction या कल्पना है (जो किसी के लिए भी सच नहीं होती) और ना ही fact या तथ्य है (जो सब के लिए सच होता है)। यह myth है - जो कुछ लोगों के लिए सच होता है। अलग लोगों के सच अलग होते हैं। जब हम दूसरों के सच का आदर करते हैं तब वे हमारे सच का आदर करते हैं। और जब हम उनके सच का अनादर करते हैं, तब हमारे सच का भी अनादर होता है। हिंदू धर्म में सच स्थिर नहीं होता। सीमित सच (मिथ्या) से लेकर असीम सच (सत्य) तक की हमारी यात्रा हरदम जारी रहती है।

लक्ष्मी से जुड़े यह विचार मेरे जीवन में लागू करने से मुझे बहुत फ़ायदा हुआ है। मैंने बहुत पैसे कमाए हैं, उनका ख़ूब आनंद उठाया है, बहुत पैसे बचाए हैं, बहुत निवेश किए हैं और बहुत पैसे बाँटे भी हैं। मैं सीख गया हूँ कि जब आप धनवान होते हो तब यह ज़रूरी है कि आप सभी बिल भरो, सभी ऋण चुकाओ और सभी के साथ धन बाँटो ताकि वे भी स्वतंत्र बन सकें और उनपर भी भरोसा किया जा सकें।

वेद और पुराणों के मेरे अभ्यास से मिले यह मेरे सच हैं। मेरा यह कहना नहीं है कि यह एकमात्र सच हैं। जब मैं वेद और पुराण दोबारा पढ़ता हूँ तब मेरा सच

भी बढ़ता है। मेरी आशा है कि मेरे बढ़ते सच से आपका सच भी बढ़े। और यह बात सदैव याद रखिए :

अनंत पुराणों में छिपा है सनातन सत्य,
इसे पूर्णतः किसने देखा है?
वरुण के हैं नयन हज़ार,
इंद्र के सौ,
आपके मेरे केवल दो।

1

क्या धनी बनने की इच्छा आम बात है ?

सीखते है भूख के बारे में अन्नपूर्णा से

धनी बनने का अर्थ है लक्ष्मी को अपने जीवन में आमंत्रित करना। लक्ष्मी का अर्थ है धन (money), धान्य (food) और संपत्ति (assets)। हिंदू धर्म के लोग शिव को भी पूजते हैं, जो विनाशक समझे जाते हैं। तो क्या शिव लक्ष्मी का भी विनाश करते हैं?

शायद नहीं । शिव हमारी भूख का विनाश करते हैं - वे लक्ष्मी के लिए तृष्णा का विनाश करते हैं। हमें यह कैसे पता? चूँकि हम जानते हैं कि शिव ने अपनी तीसरी आँख खोलकर कामदेव का विनाश किया था।

कामदेव कामवासना के देवता के रूप में प्रसिद्द हैं। लेकिन कामदेव इससे कहीं ज्यादा हैं। वे भूख के देवता हैं और साथ में सभी आवश्यकताओं और इच्छाओं, सभी तृष्णाओं और महत्वाकांक्षाओं के देवता हैं। हमारे अंदर किसी और के प्रति ईर्ष्या भी कामदेव ही जगाते हैं। हमारे अंदर किसी वस्तु को पाने का निश्चय कामदेव ही करते हैं। जब हमारी कोई इच्छा पूरी नहीं होती तब

कामदेव ही हमारे अंदर निराशा का निर्माण करते हैं। जब कामदेव के बाण हमें लगते हैं, तब हम संयम खो बैठते हैं और हममें तृष्णा और भी बढ़ जाती है। इसलिए कामदेव को 'मनमथ' भी बुलाया गया है - वे जो हमारे मन से खेलकर हमें पागल कर देते हैं।

जब शिव ने कामदेव को भस्म कर दिया तब उन्होंने वह राख अपने शरीर पर लगा ली। फिर वे कैलाश पर्वत के शिखर पर जाकर अपनी आँखें बंद कर बैठ गए। उनके अंदर सभी भूख, वासनाएं, सपने, लोभ और महत्त्वाकांक्षाएं मर गईं थीं। वे ध्यान की ऐसी स्थिति में पहुँच गए जिसे आनंद कहते हैं और जहां सब कुछ शांतचित्त था।

कैलाश पर्वत से पार्वती नामक देवी आईं, जिन्हें उमा और गौरी के नाम से भी जाना जाता था। उन्होंने शिव को भोजन प्रस्तुत किया और शिव से विवाह की मांग की। लेकिन शिव ने भोजन स्वीकार नहीं किया। उन्होंने विवाह से भी इंकार किया। वे बोले 'मुझमें कोई भूख नहीं है। इसलिए मुझे भोजन नहीं चाहिए। मुझे कोई परिवार नहीं चाहिए। मैं सुख शांति महसूस कर रहा हूँ।'

पार्वती ने उन्हें याद दिलाया, 'आप विनाशक हो,' और ग़ायब हो गईं। शिव तब नहीं समझ सके कि देवी क्या कह रहीं थीं।

कोई भूख नहीं है
मैं ख़ुद नहीं खाता पर आप मुझे खा सकते हैं

आवश्यकता जितनी भूख
मैं ख़ुद खाता हूँ और आप भी मुझे खा सकते हो

लोभ जितनी भूख
मैं खाता तो हूँ पर किसी को खिलाता नहीं हूँ

जल्द ही शिव रोने और चिल्लाने की आवाज़ों से घिर गए। यह आवाज़ें ज़ोरदार होती गई और उन्होंने शिव की शांति को भंग कर दिया। शिव ने आँखें खोलीं और देखा कि वे पिशाच और भूतों से घिरे हुए थे, ऐसी आत्माएं जिनके शरीर नहीं थे। पिशाच और गण, शिव के अनुयायी, एक ही हैं। 'हमें खाना दो, हम भूखें हैं,' वे चिल्लाएं।

शिव को दुनिया में कुछ भी जीवित नहीं दिखा। कामदेव के मरने से सारी भूख मर चुकी थी। पेड़ और पौधे पत्ते का निर्माण नही कर रहे थे जिनसे वे रौशनी का लाभ उठा सकें और ना ही जड़ें निर्माण कर रहे थे जिनसे वे पानी अपने अंदर खींच सकें। हिरन ने चरना बंद कर दिया। बाघों ने शिकार करना बंद कर दिया। मनुष्यों ने खेती और पशु पालन, बुनाई और व्यापार बंद कर दिया। उन्होंने गाँव और शहर की स्थापना करना बंद कर दिया और संगीत कला का निर्माण भी बंद हो गया। भोजन के बिना पौधे मुरझा गए और जानवर भूखे रह गए। आख़िरकार सब कुछ मर गया। सिर्फ़ तत्व बचे रहे - आकाश, वायु, पत्थर और नदियां। एक ऐसी दुनिया रह गई जिसमें कोई जीवन नहीं था। पिशाचों से भरी दुनिया।

शिव समझ गए कि भूख के बिना जीवन का होना नामुमकिन था। भूख से भोजन के लिए तृष्णा पैदा होती है। भोजन (अन्न) शरीर (अन्न-कोश) में बदल जाता है। ज़िंदा रहने के लिए शरीर को भोजन लगता है, जिस कारण उसे भूख लगती है। भोजन खोजने के लिए शरीर की आँखें होती हैं। भोजन तक पहुंचने के लिए शरीर के पैर होते हैं। भोजन को पकड़ने के लिए शरीर के हाथ होते हैं। भोजन खाने के लिए शरीर का मुंह होता है। भोजन बनाने के लिए शरीर का एक मन होता है। मृत्यु के बाद मन बच जाता है। मन में भूख की याद बनी रहती है, पिशाच के रूप में। इनमें अपने अन्न-कोश के लिए अन्न की तृष्णा होती है और अन्न के लिए अन्न-कोश की तृष्णा होती है।

शिव अब समझ गए पार्वती ने उन्हें विनाशक क्यों बुलाया था। जब उन्होंने भूख का विनाश किया था, तब लक्ष्मी की तृष्णा का विनाश हुआ था, जिस

कारण जीवन की तृष्णा भी मर गई थी। जीवन और विश्व को पुनर्जीवित करने के लिए लक्ष्मी को फिर से ढूंढना आवश्यक था और भूख आवश्यक थी।

शिव ने पार्वती को मंगला घोषित किया, वे जो शुभ होती हैं और जो परिवार और घर का निर्माण करती है। उन्होंने पार्वती को अन्न की देवी अन्नपूर्णा भी कहा। शिव पहाड़ से नीचे आए और पार्वती के पति बनने के लिए तैयार हो गए। ख़ुश होकर पार्वती ने रसोईघर स्थापित किया और इस रसोईघर के आसपास काशी नामक शहर उभर आया। पिशाच ख़ुश हो गए चूँकि अब उन्हें भोजन मिलने की आशा थी।

जीवन को भोजन मिलना आवश्यक है। सभी जीव जंतुओं का प्राथमिक लक्ष्य भोजन होता है। लक्ष्मी की धारणा लक्ष्य इस शब्द से आती है। भूख के कारण हम जीवन में लक्ष्मी ढूंढते हैं। वह संसाधन जो हमें जीवित रहने और पनपने में मदद करते हैं उन्हें भी हम लक्ष्मी कह सकते हैं। लक्ष्मी पेड़ पौधों से मिले धन या भोजन, जानवरों से मिले धन या पशु और खनिज से मिले धन या सोने का रूप लेती हैं। आज हमने पैसों को लक्ष्मी का दर्जा दिया है। जिस तरह पौधे पानी ढूंढते हैं, हिरन घास ढूंढते हैं और बाघ हिरन ढूंढते हैं उस तरह हम लक्ष्मी का पीछा करते हैं।

जीवित रहने के लिए और भोजन, वस्त्र, घर, आराम और विलासिता के लिए हमें धन की आवश्यकता होती है। भूख के बिना, कोई उत्पादन, कोई servicing/ सर्विसिंग, कोई खरीददारी, कोई बिक्री, कोई बाज़ार, कोई महत्वाकांक्षा, कोई innovation/ इन्नोवेशन, कोई competition/ कम्पीटीशन, कोई सहयोग और कोई विकास नहीं होगा। जीवन में विकास करने की प्रेरणा हमें भूख से मिलती है। यदि हम भूखे नहीं होंगे, तो हम लक्ष्मी का पीछा नहीं करेंगे या उसे हमारी ओर आकर्षित नहीं करेंगे। भूख ही वह चीज़ है जिसके कारण मनुष्यों ने संस्कृति और सभ्यता बनाई। अनियंत्रित भूख हमें ईर्ष्यालु, आक्रामक और हिंसक बनाती है। उसके कारण हम पिशाच बन जाते हैं, जो हरदम भूखें होते हैं।

भारत में, जो लोग अपना खाना ख़ुद पकाते हैं, उन्हें गरीब माना जाता है। जो लोग part-time/ पार्ट टाइम रसोइया रख सकते हैं उन्हें मध्यम वर्गीय माना जाता है। जो लोग full-time/ फुल टाइम रसोइया रख सकते हैं उन्हें धनवान माना जाता है। जिन्हें अपने कपड़े ख़ुद धोने और इस्त्री करने पड़ते हैं उन्हें दीन माना जाता है। जिनके घर में washing machine/ वॉशिंग मशीन होती हैं और जो बाहर से इस्त्री करवाते हैं उन्हें मध्यम वर्गीय माना जाता है। जो लोग अपने कपड़े फुल टाइम housekeeper/ हाउसकीपर द्वारा धोते और इस्त्री करवाते हैं उन्हें धनवान माना जाता है। हमारे भीतर की कामना हमें दीन से धनवान होने के लिए प्रेरित करती है।

भूख दो प्रकार की हो सकती है - जो भूख आवश्यकता पर निर्भर है और जो भूख लोभ पर निर्भर है। ऐसा माना जाता है कि आवश्यकता अच्छी है और लोभ बुरा है। लेकिन महत्वाकांक्षा और लोभ के बीच अंतर कोई कैसे समझें? दीन लोग धनवान लोगों को लोभी समझ सकते हैं, जबकि धनवान लोग ख़ुद को महत्वाकांक्षी समझ सकते हैं। यदि कोई व्यक्ति अपनी तनख्वा से संतुष्ट है, तो क्या हमें समझना चाहिए कि वो महत्त्वाकांक्षी या लोभी नहीं है? इस प्रश्न का उत्तर देना कठिन है। इसलिए आवश्यकता और लोभ को दूसरे दृष्टिकोण से देखना आवश्यक है।

आवश्यकता पर निर्भर भूख से हम अपनी भूख और हमें खिलाने वालों की भूख को संतुष्ट करते हैं। जो लोभी होते हैं वे सिर्फ़ अपनी भूख मिटाते हैं और इसमें उनकी मदद करने वालों की भूख की उपेक्षा करते हैं। आवश्यकता पर निर्भर भूख में हम अपने लिए और दूसरों के लिए स्वर्ग चाहते हैं। जो लोभी होते हैं वे ख़ुद के लिए स्वर्ग चाहते हैं लेकिन दूसरों को नरक में ढकेलने में झिझकते नहीं। यदि आप केवल अपने आराम में रुचि रखते हैं और अपने परिवार, दोस्तों, कर्मचारियों, भागीदारों, विक्रेताओं और समाज के आराम की उपेक्षा करते हैं, तो आप लोभी हैं।

आप किसके लिए भूखे हो?	आपके लक्ष्य या goal/ गोल को और अच्छे से समझने के लिए notes/ नोट्स बनाए
ख़ुद के घर, गाड़ी के लिए?	
आपके परिवार की देखभाल करने के लिए?	
सफलता और प्रशंसा के लिए?	
आरामदेह जीवन जीने और पैसे देकर अपना काम दूसरों से करवाने के लिए?	
अपने दोस्तों से ज़्यादा पैसा कमाने के लिए?	
दुनिया घूमने के लिए?	
कुछ भी ख़रीदने की क्षमता के लिए?	

भूख के बिना हम लक्ष्मी को महत्व नहीं दे पाते। हमारे पास जितनी ज़्यादा लक्ष्मी होगी, हमारा जीवन भी उतना ही आरामदायक होगा। आवश्यकता पर आधारित भूख सबके जीवन में ख़ुशी लाती है। ऐसी भूख में धनवान लोग दीन लोगों की भूख मिटाने में मदद करते हैं। लोभ पर आधारित भूख से लोगों में झगड़े होते हैं - धनवान दूसरों के साथ अपना भोजन नहीं बाँटते, जिस कारण भूखे लोगों को हरदम उनसे भोजन के लिए लड़ाई करनी पड़ती है।

अन्नपूर्णा की सीख

धनवान होने की चाह का मतलब है आरामदायक जीवन का आनंद लेना और वैसा अनुभव दूसरों के साथ बाँटना। ऐसी चाह बिलकुल स्वाभाविक है।

2

कैसे कमाएं धन?

सीखते हैं लेन-देन के बारे में ब्रह्मा से

ब्रह्मा को हिंदू विश्व का सृजनकर्ता माना जाता है - सभी जीवित प्राणियों का जन्म उनसे हुआ। इसका मतलब यह है कि ब्रह्मा ने भूख और उसके फलस्वरूप जीवन का निर्माण किया। शायद इसलिए हिंदू धर्मीय उनकी पूजा नहीं करते, जिस तरह वे कामदेव को भी नहीं पूजते। ब्रह्मा की न तृप्त होने वाली भूख को नियंत्रण में लाने के लिए शिव द्वारा ब्रह्मा के पांचवे सर काँटे जाने की कहानियां पाईं जाती हैं।

एक बार, ब्रह्मा ने अपने सभी बच्चों को भोजन के लिए बुलाया। भोजन परोसने पर उन्होंने सबसे कहा कि उन्हें अपनी कोहनी मोड़े बिना खाना होगा! भला कोई कोहनी मोड़े बिना कैसे खा सकता है? ब्रह्मा कुछ नहीं बोलें।

कुछ बच्चे अपना सिर झुकाकर भोजन चाटकर खाने लगे। वे पशु बन गए। कुछ बच्चों ने शिकायत की और गुस्सा हो गए। वे असुर बन गए। कुछ बच्चों ने ब्रह्मा की अवज्ञा की, भोजन छीन लिया और भाग गए। वे राक्षस बन गए।

कुछ राक्षसों ने भोजन को इकट्ठा किया और उसे बांटने से इंकार किया। वे यक्ष बन गए।

बचे हुए बच्चों ने भोजन उठाया और उनके बगल वाले व्यक्ति को खिलाने लगे, इस उम्मीद में कि कोई उन्हें बदले में खिलाएगा। जिस व्यक्ति ने दूसरे व्यक्ति को भोजन खिलाया, इस आशा में कि कोई उन्हें खिलाएगा वह यजमान कहे जाने लगे। जिन्हें भोजन खिलाया गया और जिनमें भोजन खिलाने का सामर्थ्य था, वे देवता बन गए। यजमान देवता की भूख के प्रति संवेदनशील थे। उनकी यह आशा थी कि इसके उत्तर में देवता भी यजमान की भूख के प्रति संवेदनशील होंगे।

जो भोजन माँगते रहे और जिन्हें भोजन मिलता गया लेकिन जिन्होंने दूसरों के साथ भोजन नहीं बांटा वे पिशाच बन गए। जो लोग भोजन दिए जाने की आशा में नाचने और गाने लगे वे गंधर्व बन गए।

यज्ञ का स्रोत यहीं से हुआ। मनुष्यों को सभ्य बनाने के लिए ब्रह्मा ने यज्ञ की स्थापना की। अपनी भूख मिटाने के लिए पेड़ पौधे लक्ष्मी (रौशनी, पानी, पोषक तत्व) को अपनी ओर खींचते है। पशु भी लक्ष्मी (पेड़ पौधों और अन्य पशु) को अपनी ओर खींचते हैं। जब मनुष्य छीनते हैं, तब हमारा व्यवहार राक्षस समान होता है।

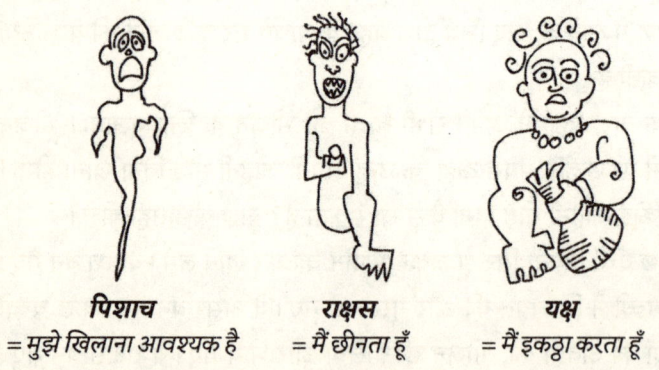

पिशाच
= मुझे खिलाना आवश्यक है

राक्षस
= मैं छीनता हूँ

यक्ष
= मैं इकठ्ठा करता हूँ

आपकी आमदनी कहाँ से आती है ?	आप बदले में कौन सा सामान या कौन सी सेवाएं देते हैं ?	भविष्य में आप क्या गारंटी देते हैं ?
माता पिता से मिले भत्ते से		
नौकरी से मिले तनख्वा से		
स्पॉनसर, संरक्षक या सरकार से मिले अनुदान से		
बैंक में बचत से		
व्यापार से मिले लाभ से		

एक सभ्य समाज में, मनुष्यों को भोजन छीनने की आवश्यकता नहीं होती - उन्हें अन्य मनुष्यों से भोजन मिलता है और उनसे यह अपेक्षा की जाती है कि वे दूसरों को भोजन देंगे। इसे लेन देन या यज्ञ कहते हैं। लेन देन करना, दूसरों को भोजन देना और उनसे भोजन लेना - इसी को धर्म कहते हैं। यज्ञ में भाग लेने को धर्म कहते हैं।

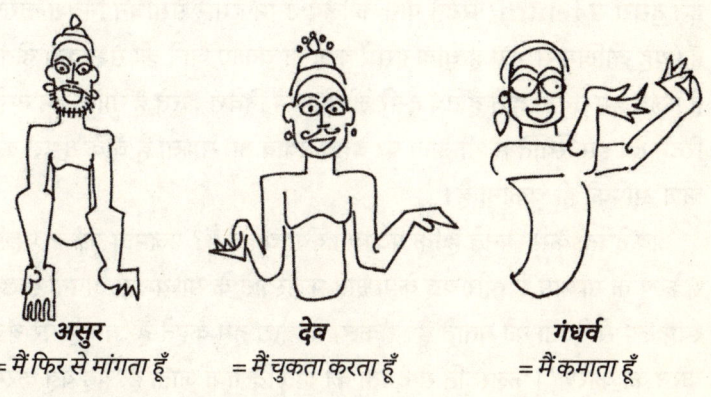

असुर
= मैं फिर से मांगता हूँ

देव
= मैं चुकता करता हूँ

गंधर्व
= मैं कमाता हूँ

आप में सबसे आम सोच क्या है?	संकट में	सफलता में
जो मुझे चाहिए मुझे उस पर ध्यान देना चाहिए।		
मुझे दूसरों का भी सोचना चाहिए।		
भविष्य के लिए बचाना आवश्यक है।		
मैं दुनिया का एहसानमंद हूं।		
लोग भरोसेमंद होते हैं।		
अमीर लोग धोखा देते हैं।		

यज्ञ में भाग लेकर हम कमाते हैं। यज्ञ के चरण सरल हैं: यजमान देवता को बुलाते हैं और उन्हें कोई वस्तु अर्पण करते हैं ताकि उन्हें बदले में कुछ मिल सकें। यजमान स्वाहा कहकर अर्पण करते हैं। इस प्रकार स्वाहा एक प्रकार का investment/ इन्वेस्टमेंट (निवेश) बन जाता है। यजमान यह अपेक्षा करते हैं कि देवता तथास्तु कहकर उत्तर देंगे, जिसका मतलब है यजमान जो चाहते हैं उन्हें वह प्राप्त होगा। इस तरह तथास्तु return on investment (निवेश पर लाभ) बन जाता है। जब हम यजमान होते हैं तब हम दूसरों से return/ रिटर्न पाने के लिए उनमें हमारे संसाधन निवेश करते हैं। यह जोखिम से भरा है चूँकि इसमें ऋण ना चुकाए जाने की संभावना होती है। जब हम देवता होते हैं तब दूसरे लोग हममें निवेश करते हैं ताकि हम उन्हें रिटर्न दें। इस स्थिति में भी आप पर बहुत दबाव आ सकता है चूँकि दूसरों का ऋण आपको ही चुकाना है।

अब देवता कैसे जानते हैं कि यजमान क्या चाहते हैं? यजमान यज्ञ के पहले संकल्प के माध्यम से और यज्ञ के पश्चात फलस्तुति के माध्यम से अपनी इच्छा स्पष्ट रूप से देवता को बताते हैं। संकल्प के द्वारा हम कहते हैं 'यह है मेरे यज्ञ करने का कारण'। फलस्तुति से देवता को याद दिलाया जाता है 'यह यज्ञ करने

से मुझे यह फल अपेक्षित है'। संकल्प यज्ञ के पहले होता है और फलस्तुति यज्ञ के बाद।

देवता का आवाहन संकल्प करने के बाद ही किया जाता है। यदि देवता इच्छा पूरी नहीं कर सकते, वे यज्ञ में नहीं आते। यदि स्वाहा या अर्पण की हुई वस्तु उन्हें ख़ुश नहीं करती तो वह यजमान की इच्छा पूरी नहीं करते। यदि यजमान को लगता है कि देवता उन्हें वह नहीं दे रहे जो वह चाहते हैं तो वे देवता का विसर्जन करते हैं, और फिर से उनका आवाहन नहीं करते। उस देवता के बदले वे दूसरे देवता का आवाहन करते हैं।

हम सभी संभावित यजमान हैं। भविष्य में खिलाए जाने की आशा में हम दूसरों को खिला सकते हैं। हम निवेश कर सकते हैं, और बदले में कुछ भी प्राप्त नहीं करने का जोखिम उठा सकते हैं। हम संभावित देवता भी हैं। दूसरे लोग हमारी देखभाल करते हैं: माता पिता, परिवार वाले, दोस्त, मालिक, कर्मचारी, निवेशक, वे लोग जिनमें हमने निवेश किया है। यदि हम दूसरों से खाते रहते हैं लेकिन उन्हें खिलाते नहीं हैं, तो हम पिशाच बन जाते हैं। परिवार, समाज और निसर्ग के प्रति अपना ऋण चुकाने की हममें क्षमता होती है। हिंदू धर्मीय एक दूसरे को नमस्ते करते हैं। इससे हम स्वयं को याद दिलाते हैं कि हम यजमान और देवता दोनों हैं और एक दूसरे को खिलाने की क्षमता और किसी और में निवेश करने की या अपना ऋण चुकाने की क्षमता रखते हैं।

यज्ञ में आपके पास जो होता है वह आप अर्पण करते हो ताकि आपकी इच्छा पूरी हो सकें। यह अर्थशास्त्र का मूल सिद्धांत है। ब्रह्मा ने बृहस्पति और शुक्र को लेन देन का मूल्य सिखाया, जिसके बाद उन्होंने अर्थ शास्त्र पर सबसे पहली पुस्तकें लिखी। ब्रह्मा ने यही सीख मनु को भी दी, चूँकि मनु ने धर्म शास्त्र लिखा था, जिस मूल सिद्धांत पर मानवता आधारित है।

जब तक हम खाना छीनते हैं, या दूसरों की भूख नहीं मिटाते या अपना ऋण नहीं चुकाते हैं, तब तक हम राक्षस, यक्ष और पिशाच या असभ्य बने रहते हैं। मनुष्य बनने के लिए हमें धर्म का पालन करना आवश्यक है। जो हमें खिलाते हैं उन्हें खिलाना आवश्यक है। हम उन्हें भी खिला सकते हैं जो हमें नहीं खिलाते। यजमान पहले देते हैं और फिर पाने की अपेक्षा करते हैं। देवता को पहले मिलता है और फिर चाहे तो वह बदले में दे भी सकते हैं।

कुछ लोग कहते हैं कि यज्ञ एक 'sacrifice'/ सैक्रिफ़ाइस (त्याग) है। लेकिन सैक्रिफ़ाइस में आप कोई चीज़ देते हो लेकिन आपको बदले में कुछ नहीं मिलता। इसलिए यज्ञ को सैक्रिफ़ाइस या त्याग नहीं कह सकते। कुछ और लोग कहते हैं कि यज्ञ एक 'contract'/ कॉन्ट्रैक्ट (करार) जैसा है, लेकिन

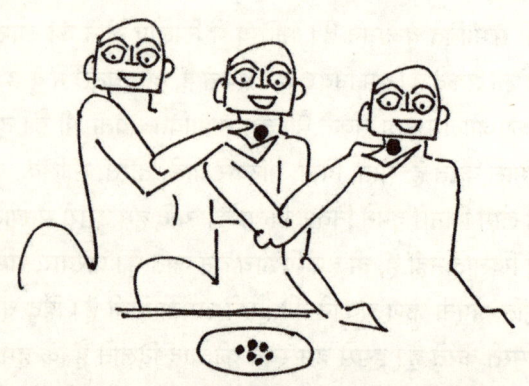

सभ्य समाज लेन देन पर आधारित है। मैं किसे खिलाता हूँ और वो मुझे खिलाते हैं। भोजन वस्तुएं, सेवाएं या पैसा हो सकते हैं।

कॉन्ट्रैक्ट में आप कुछ देने के लिए और प्राप्त करने के लिए बाध्य होते हो। यज्ञ के स्वैच्छिक होने के कारण उसे हम कॉन्ट्रैक्ट नहीं कह सकते। सैक्रिफ़ाइस और कॉन्ट्रैक्ट जैसे विचार यहूदी धर्म, ईसाई धर्म और इस्लाम से आते हैं। इन धर्मों के अनुसार God/ गॉड (ईश्वर) ने दुनिया बनाई और उसमें लागू होने वाले नियम बनाए। गॉड की अपेक्षा थी कि मनुष्य इस कॉन्ट्रैक्ट को स्वीकार कर नियमों का पालन करें। जो पालन करते हैं वह heaven/ हेवन (स्वर्ग) जाते हैं और जो नहीं करते वे hell/ हेल (नर्क) जाते हैं। नियम का पालन करने से आप गॉड के प्रति आपका प्यार दर्शाते हैं और नियम तोड़ने का मतलब है Devil/ डेविल द्वारा लुभाए जाना। भारत और विश्वभर में अधिकतर आधुनिक व्यापार और सरकारें पैसे कमाने और बाँटने के लिए यही 'contract' model इस्तेमाल करते हैं।

आपके जीवन में सभी देवताओं की सूची बनाईए: जिनपर आपका अहसान है और जिन्हें उसको चुकाना है (नोट: केवल आर्थिक ऋण नहीं)	**आपके जीवन में सभी यजमानओं की सूची बनाईए: जिनसे आपने ऋण लिया है और जो ऋण आपको चुकाना है (नोट: केवल आर्थिक ऋण नहीं)**

इसके विपरीत, यज्ञ स्वेच्छा से किया जाता है। यज्ञ में जोखिम उठाना पड़ता है। यज्ञ के द्वारा आप दूसरों को नियंत्रित करने के बजाय अपना आत्मविश्वास और बढ़ाते हैं। इसलिए यज्ञ में कोई निर्धारित नियम नहीं होते। वेदों में 'गॉड' का मतलब है दूसरों को खिलाने का अपना सामर्थ्य। भूखे लोगों को हम यजमान के रूप में खिला सकते हैं। जो हमें खिलाते हैं उन्हें हम देवता के रूप में खिला सकते हैं। हम जितना देते जाते हैं, उतने ही हम दिव्य बनते जाते हैं।

आधुनिक market/ मार्केट कॉन्ट्रैक्ट पर आधारित होते हैं। इसका अर्थ यह है कि देवता कानून से बंधे हुए हैं यजमान के प्रति अपना ऋण चुकाने के लिए। यदि यजमान विक्रेता है और वस्तुएं और सेवाएं देते हैं, तो उन्हें पैसे मिलना आवश्यक है। यदि यजमान खरीदार हैं और पैसे देते हैं, तो उन्हें वस्तुएं और सेवाएं मिलना आवश्यक है।

मार्केट में यज्ञ हरदम चलता रहता है। हम या तो यजमान हो सकते हैं: जो कस्टमर या देवता की खोज में होते हैं, और उन्हें पहले वस्तुएं और सेवाएं दे सकते हैं और बदले में उनसे पैसे लेते हैं। या फिर हम देवता बन सकते हैं - जो पहले यजमान या खरीदार से पैसे लेते हैं और फिर उन्हें वस्तुएं और सेवाएं देते हैं। हमारे करियर की शुरुआत में हम यजमान होते हैं और हम ऐसे देवताओं की खोज में होते हैं जो हमें पैसे दे सकें। जैसे हम सफल होते जाते हैं हम देवता बन जाते हैं। फिर यजमान, उनका पैसा लिए हमारा पीछा करते हैं, हमारी वस्तुओं और सेवाओं के लिए।

यजमान या देवता के रूप में, हम क्या भोजन देते हैं? सिर्फ़ दो चीज़ें: वस्तुएं और सेवाएं। और हम क्या भोजन चाहते हैं? पैसा।

वस्तु का मतलब वो कुछ भी है जो लोग चाहते हैं, जैसे की झाड़ू। सेवाओं का मतलब है वह activity/ (क्रिया) एक्टिविटी जिनकी लोगों को आवश्यकता होती है, जैसे की झाड़ू मारना। आप या तो झाड़ू को वस्तु के रूप में बेच सकते हैं, या झाड़ू मारने को एक सेवा के रूप में बेच सकते हैं।

भोजन, कपड़े, आश्रय, पानी, दवाइयां, बिजली, फर्नीचर, इंटरनेट, कंप्यूटर,

किताबें और जानकारी वस्तुओं में शामिल होते हैं। खाना पकाना, स्टाइलिंग, इंजीनियरिंग, चिकित्सा, सलाह, परामर्श, शिक्षण, शासन, कोतवाली और हाउसकीपिंग का समावेश सेवाओं में होता है।.

वेदों में जो लोग आपको दूसरों की भूख के बारे में सचेत करते हैं उन्हें ब्राह्मण कहा जाता है, चूँकि वे आपके दिमाग (मानस) का विस्तार (ब्राह) करने में आपकी मदद करते हैं। ब्राह्मण अपनी भूख के परे दूसरों की भूख का दर्शन करवाते हैं। जब ऐसा होता है, तब हमारी प्रवृत्ति भोजन छीनने वाले जानवरों की तरह कम होती है और मनुष्यों की तरह अधिक होती है जो उधार लेते हैं, उधार देते हैं और लेन देन करते हैं। यज्ञ ठीक से करने के लिए यह मूल शर्त है। यजमान और देवता दोनों को दूसरे की भूख के प्रति संवेदनशील होना आवश्यक है।

जंगल, या अरण्य में, जानवर भोजन छीनते हैं। जब तक मनुष्य यज्ञ, या लेन देन का सभ्य तरीका नहीं अपनाते, वे भी यहीं करते हैं। जहाँ लोग वस्तुओं और सेवाओं का लेन देन करते हैं उस जगह को क्षेत्र या मार्केट कहते हैं। क्षत्रिय क्षेत्र स्थापित करते हैं। वे सुनिश्चित करते हैं कि लेन देन का सम्मान हो, ताकि लोगों का शोषण न हो, और सही मात्रा में लेन देन होता रहे। यह सुनिश्चित करना धर्म के बराबर है।

वैश्य या वणिक product creator/ प्रोडक्ट क्रिएटर और distributor/ डिस्ट्रीब्यूटर होते हैं। शूद्र service provider/ सर्विस प्रोवाइडर होते हैं।

यह जाति नहीं है। जाति का मतलब एक व्यवसाय है जो आपको जन्म के समय विरासत में मिलता है। यह एक पुरानी भारतीय आर्थिक प्रणाली है जो अब ना तो व्यवहार्य है और ना मान्य है। यह वर्ण है, वेदों में वर्णित चार मनोवैज्ञानिक अवस्थाएँ जिनपर सभ्य समाज स्थापित है।

उन सभी वस्तुओं की सूची बनाईए जो आप स्वाहा के रूप में आपके परिवार, दोस्तों, कंपनी और समाज को दे सकते हैं	उन सभी सेवाओं या कुशलता (skills) की सूची बनाईए जो आप स्वाहा के रूप में आपके परिवार, दोस्तों, कंपनी और समाज को दे सकते हैं

कई लोगों का दावा है कि सेवक होने के नाते शूद्र हीन हैं और पुजारी होने के नाते ब्राह्मण श्रेष्ठ हैं। उन्हें लगता है कि ब्राह्मण मंदिरों की देख रेख, विवाह का आयोजन, शिक्षण और नौकरशाह या accountant/ एकाउंटेंट जैसी 'उच्च' स्तर की सेवाएं करते हैं। उनके लिए क्षत्रिय युद्ध लड़ने, कानून तोड़ने वालों से लड़ने, चुनाव लड़ने और सुधार और न्याय के लिए लड़ने जैसी 'उच्च' स्तर की सेवाएं करते हैं। वैश्य, जो निर्माण, logistics/ लॉजिस्टिक्स,

warehousing/ वेयरहाउसिंग और banking/ बैंकिंग जैसी व्यापारिक सेवाएँ करते हैं उन्हें वो मान्यता नहीं देते हैं। उनके अनुसार शूद्र फर्श की सफाई, plumbing/ प्लंबिंग (नल ठीक करना) और sanitation/ सैनिटेशन (सफाई करना), construction/ कंस्ट्रक्शन (इमारत बनाना), खाना पकाने, कारखानों में काम करने और कार चलाने जैसे 'तुच्छ' काम करते हैं। ऐसी सोच अविद्या और अहम् का संकेत है। ऐसे लोग 'पवित्रता' के आधार पर hierarchy/ हायरारकी (वर्गीकरण) को बढ़ावा देते हैं और लोगों के श्रम का अनादर करते हैं।

लक्ष्मी के अनुसार, कोई सेवा उच्च या तुच्छ नहीं होती - उनके केवल अलग अलग मूल्य होते हैं। सेवाओं से हम पैसे कमाते हैं। जो कोई भी सेवा करते हैं वे शूद्र कहलाते हैं। प्रोडक्ट बेचने वाले कोई भी वणिक कहलाते हैं। आज के ज़माने में, वस्तु बेचने वाले भी सर्विस प्रोवाइडर बन रहे हैं। वस्तुओं और सेवाओं के बीच का अंतर घटता जा रहा है। आजकल हम आशा करते हैं कि किताबों से लेकर सोना बेचने वाले दुकानदार हमें बेहतरीन कस्टमर सर्विस भी दें।

कई IT कंपनियां call centre/ कॉल सेंटर, BPO/ बिज़नेस प्रोसेस आउटसोर्सिंग, KPO/ नॉलेज प्रोसेस आउटसोर्सिंग जैसी सेवाएं प्रदान करती हैं। राजनीतिज्ञ समाज को लाभ पहुंचाने वाली नीतियां बनाकर सार्वजनिक सेवा कर रहे हैं। इन नीतियों को लागू करके नौकरशाह सेवा कर रहे हैं। योग सिखाकर और भावात्मक समर्थन प्रदान करके आध्यात्मिक गुरु भी सेवाएं प्रदान कर रहे हैं। सैनिक अपने देश की रक्षा करके सेवा कर रहे हैं। यह सब लोग शूद्र या सर्विस प्रोवाइडर हैं। यदि आप इस शब्द का उपयोग करने में संकोच कर रहे हैं, या इस शब्द को तुच्छ समझते हैं, तो याद रखें कि आप अविद्या और अहम् से पीड़ित हैं। इसे आप निम्न आध्यात्मिक सूचकांक या low spiritual index/ लो स्पिरिचुअल इंडेक्स भी कह सकते हैं।

लो स्पिरिचुअल इंडेक्स वाले लोग ख़ुद को तो भगवान् के दास कहलाने में झिझकते नहीं, लेकिन ख़ुद के नौकरों या सर्विस प्रोवाइडर के साथ अनादरपूर्वक

व्यवहार करते हैं। ऐसे भी लोग होते हैं जो गुरु ने की 'सेवा' या भगवान् की सेवा को उच्च समझते हैं लेकिन जो लोग शौचालय और sewage drain/ सीवेज ड्रेन साफ़ करते हैं उन लोगों का अपमान करते हैं 'हम आपको नहीं छूएंगे' यह कहकर। वे हाउसकीपिंग की सर्विस को कम और मेडिकल सर्विस को ज़्यादा महत्व देते हैं।

जिनका high spiritual index होता है वे कभी किसी प्रोडक्ट या काम को दूसरे किसी प्रोडक्ट या काम से उच्च नहीं समझते। वे जानते हैं कि हर प्रोडक्ट, काम या वस्तु भोग समान है - जो भूखे लोग खाते हैं। अलग देवता अलग भोग खाते हैं। और अलग यजमान के पास अर्पण करने के लिए अलग भोग होते हैं।

एक सामंतवादी कृषि प्रधान समाज में, ज़मींदार लक्ष्मी को नियंत्रित करते हैं और तय करते हैं लक्ष्मी किसे देनी है। यहाँ वस्तुओं के विक्रेता और सर्विस प्रोवाइडर दोनों ज़मींदार पर निर्भर होते हैं। ज़मींदार अपने आप को देवता समझते हैं और इसलिए वे अपने श्रद्धालुओं से आज्ञापालन और वफ़ादारी की अपेक्षा करते हैं। यह यज्ञ से बहुत अलग है। ऋषियों ने ऐसी व्यवस्था निर्धारित बिलकुल नहीं की थी।

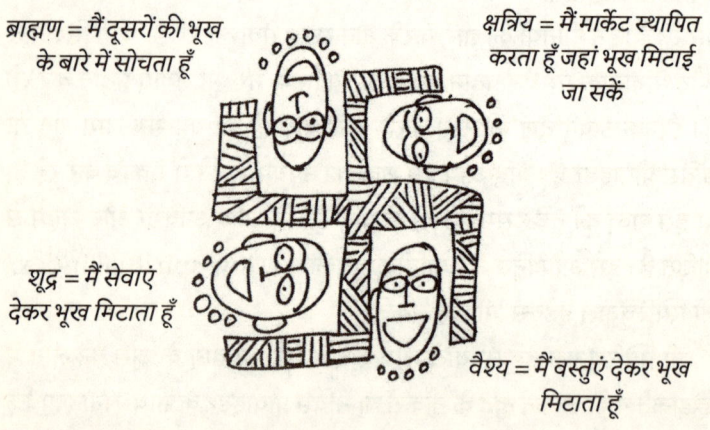

ब्राह्मण = मैं दूसरों की भूख के बारे में सोचता हूँ

क्षत्रिय = मैं मार्केट स्थापित करता हूँ जहां भूख मिटाई जा सकें

शूद्र = मैं सेवाएं देकर भूख मिटाता हूँ

वैश्य = मैं वस्तुएं देकर भूख मिटाता हूँ

धर्म में दो समान लोगों के बीच लेन देन सबसे महत्त्वपूर्ण है। यजमान को देवता की आवश्यकता होती है और देवता को यजमान की आवश्यकता होती है। वे एक-दूसरे की भूख को स्वीकारते हैं और एक-दूसरे को पोसते हैं। इसलिए, नमस्ते करके वे एक-दूसरे को पूजते हैं। जब हम हाथ जोड़कर नमस्ते करते हैं तब हम भीतर के परमात्मा को स्वीकारते हैं, ऐसे परमात्मा जो दूसरों को खिला सकते हैं और जो दूसरों से खिलाए जा सकते हैं।

आपकी मनोवैज्ञानिक अवस्था (वर्ण)	प्रतिशत लिखें ... चार क्षेत्र सौ तक जुड़ने चाहिए
अपनी सहायता के लिए आप दूसरों की मदद करने में विश्वास करते हैं	
आप ऐसी घटनाएं, उद्यम और अवसर का निर्माण करते हैं जहां लोग एक दूसरे की मदद कर सकें	
आप दूसरों को चीज़ें देकर ख़ुद की मदद करते हैं	
आप दूसरों को अपना कौशल देने से ख़ुद की मदद करते हैं	

धर्म में हम नमस्ते करते हैं ताकि हम हमारे भीतर के देवता को स्वीकार कर सकें जो यजमान बन सकते हैं। अधर्म में नमस्ते का यही भाव शक्तिहीन द्वारा सलामी देने, निवेदन करने और झुक जाने की क्रिया बन जाता है जिससे शक्तिशाली लोगों का प्रभुत्व स्थापित हो जाता है। धर्म में, लक्ष्मी एक ओर से दूसरी ओर स्वतंत्र रूप से घूमती हैं। अधर्म में लक्ष्मी एक जगह बंधी हुई रहती हैं और आसानी से दूसरों के साथ बांटी नहीं जाती। इससे असंतोष और झगड़े की देवी अलक्ष्मी का जन्म होता है।

ब्रह्मा की सीख

पैसे कमाने के लिए हमें ग्राहकों की भूख के प्रति संवेदनशील होना होता है और एक यज्ञ के भाँति उन्हें वह सब सामान और सेवाएं प्रदान करना होता है जो वे चाहते हैं। तभी यज्ञ सफल होता है। अगर हम ग्राहकों की जरूरतों और मांगों के बारे में नहीं सोचते हैं, तो हम यज्ञ नहीं कर सकते।

3
कैसे हम गँवाते हैं धन ?
सीखते हैं आत्मतुष्टि के बारे में बृहस्पति से

वेदों में, एक हजार स्तोत्र हैं। अधिकतर स्तोत्रों में इंद्र को यज्ञ में आमंत्रित किया जाता है ताकि वे अपना पसंदीदा सोमरस प्राप्त कर सकें। यह स्पष्ट है कि इंद्र वेदों के यज्ञ के सबसे लोकप्रिय देवता हैं।

इंद्र का आवाहन क्यों किया जाता था? चूँकि उनके पास सब कुछ था। उनका निवास स्वर्ग था - खजानों, ट्रॉफियों और आनंद से परिपूर्ण। उनकी पत्नी सची को लक्ष्मी का एक रूप माना जाता था।

इंद्र के पास इतनी भरमार क्यों थी? चूँकि लोग उन्हें लगातार सोमरस अर्पण कर आवाहन कर रहे थे। यह तब तक चला जब तक उनके पास भरमार थी।

इंद्र विलासी जीवन जीते थे - अप्सराओं के नृत्य, गंधर्वों के गीत, वरुणि के नशे और नंदनकन उद्यान के प्राचुर्य का आनंद लेते। जीवन एक अंतहीन पार्टी की तरह था। फिर एक दिन, उनका सिंहासन डगमगाने लगा। उन्हें स्वर्ग से गिरने का डर लगने लगा। उन्होंने इसकी जांच की।

उन्होंने पाया कि सागर नामक राजा यज्ञ कर रहे थे। वे देवताओं को चीज़ें अर्पण तो कर रहे थे, लेकिन बदले में कोई चीज़ मांग नहीं रहे थे। इंद्र समझ गए कि सागर की उदारता उन्हें देवताओं के बीच लोकप्रिय बना रही थी। इंद्र डर गए कि देवता उन्हें भूलकर सागर को अपना नेता, अपना 'इंद्र' घोषित कर देंगे। इंद्र समझ गए कि देवताओं के राजा की पदवी से उन्हें बदला जा सकता था। वे असुरक्षित, ईर्ष्यालु और क्रोधित हो गए। इसलिए इंद्र ने सागर का घोड़ा चुरा लिया और यह सुनिश्चित किया कि सागर किसी भी देवता को कोई चीज़ अर्पण ना कर पाएं। इंद्र का सिंहासन स्थिर हो गया। लेकिन यह सिर्फ़ कुछ देर तक चला।

इंद्र का सिंहासन फिर से डगमगाया। इस बार इंद्र ने देखा कि विश्वामित्र नामक एक ऋषि आँखें बंद करके बैठे हुए थे। वे तपस्या कर रहे थे ताकि अपनी तीसरी आँख खोलकर वे कामदेव का विनाश कर सकें। यदि वे सफल हो जाते, तो वे भूख पर विजय प्राप्त कर लेते और यज्ञ करने की कोई प्रेरणा उनमें नहीं बचती। उन्हें लक्ष्मी की कोई आवश्यकता नहीं लगती। इसके फलस्वरूप उन्हें इंद्र को बुलाकर उन्हें सोमरस अर्पण करने की आवश्यकता नहीं लगती। इंद्र फिर से असुरक्षित और क्रोधित बन गए। उन्होंने विश्वामित्र को मंत्रमुग्ध करने के लिए अपनी सबसे कुशल अप्सरा, मेनका को उनके पास भेजा। मेनका ने विश्वामित्र को स्वर्ग के चमत्कारों के बारे में बताया: नृत्य, संगीत, नशा और असीम आनंद। मेनका विश्वामित्र को लुभाने में सफल रही। इंद्र ख़ुश हो गए।

क्या लोग मेरे बजाय उससे खरीदना पसंद करेंगे?

सागर के यज्ञ को भंग करके, इंद्र ने सुनिश्चित किया कि उन्हें बदला नहीं जा सकता था। विश्वामित्र को लुभाकर, इंद्र ने सुनिश्चित किया कि उनकी मांग हमेशा बनी रहती। उन्हें लगा वे सुरक्षित हैं। यजमान हमेशा उनको आवाहन करते। और वे एकमात्र देव होते जिनका आवाहन होता। दूसरे शब्दों में, यज्ञ पर उनका एकाधिकार था। इससे इंद्र को सुरक्षित और आत्मविश्वासी लगा। उन्हें ओवर कॉन्फिडेंट भी लगा।

पृथ्वी पर धन दौलत वर्षा पर निर्भर थी। जब वर्षा होती, तब कुएं भर जाते, खेतों में भरपूर फसल होती और मवेशियों को खाने के लिए पर्याप्त अन्न होता। नियमित वर्षा समृद्धि, प्रचुरता और संपन्नता सुनिश्चित करती। अब, जब तक यजमान नियमित रूप से यज्ञ करते, तब तक नियमित रूप से वर्षा भी होती रही। लेकिन जैसे समय बीतता गया, वर्षा भी अनियमित होती गई। कभी कम वर्षा होती थी, जिससे सूखा पड़ता था। कभी अधिक वर्षा से बाढ़ आ जाती। वर्षा के देवता इंद्र पर भरोसा करना मुश्किल हो गया। वे स्वर्ग में आनंद लुटाने में व्यस्त थे। उन्हें विश्वास था कि लोगों के पास यज्ञ के माध्यम से उन्हें आमंत्रित करने के अलावा कोई विकल्प नहीं था।

इंद्र इतना आनंद उठा रहे थे कि लोग शिकायत करने लगे। लेकिन इंद्र को उनकी परवाह नहीं थी। उन्होंने बृहस्पति ऋषि की भी अवहेलना की जो आर्थिक मामलों में उनके सलाहकार और प्रशिक्षक थे। क्रोधित होकर बृहस्पति ने इंद्र को श्राप दिया कि अंततः दूसरे देवता उनकी जगह ले लेंगे। वेदों के अनुसार, यह

क्या मैं जो बेचना चाहता हूं वो वह नहीं चाहता?

देवता विष्णु थे, इंद्र के छोटे भाई।

जब तक हमारे पास एक आय होती है तब तक हम सब इंद्र जैसे होते हैं। इसका मतलब है कि हम ग्राहकों की भूख को संतुष्ट करने के लिए वस्तुएं या सेवाएं दे रहे हैं। जब तक लोग वस्तुओं और सेवाओं के लिए कहीं और नहीं जाते तब तक हमारे पास आते हैं। जब तक लोग हमारी वस्तुओं और सेवाओं को चाहते हैं, तब तक हमारे पास आते हैं। लेकिन हमारे जीवन में हमेशा एक सागर या विश्वामित्र होता है जो हमारी आय को खतरे में डाल सकता है।

सागर वह प्रोडक्ट या सेवा है जो हमारी जगह ले सकता है। सागर वह नया कौशल है जो हमारी जगह ले सकता है। सागर नई तकनीक है जिससे हमारे पास मौजूद चीज़ें बदली जा सकती हैं। विश्वामित्र वह ग्राहक हैं जो हमारी सेवाएँ नहीं चाहते, जिन्हें हमें सौदों, डिस्काउंट और मार्केटिंग के उपयोग से लुभाना पड़ता है। प्रतिस्पर्धा का डर और ग्राहकों से मांग में कमी के कारण हमारा सिंहासन इंद्र की तरह लगातार डगमगाता है। इसलिए हम हमेशा असुरक्षित होते हैं। जब हमारे वस्तुओं और सेवाओं की जगह दूसरे वस्तुएं और सेवाएं लेती हैं, या जब मार्केट में उनकी मांग चली जाती है, तब हम पैसा खो देते हैं। इंद्र तब तक मायने रखते हैं जब तक वे नियमित रूप से वर्षा लाते हैं। हम केवल तब तक मायने रखते हैं जब तक हम प्रासंगिक होते हैं।

और जब हमारा कोई प्रतिस्पर्धी नहीं होता और जब हम हमेशा 'इन डिमांड' होते हैं, तब आत्मसन्तुष्ट और अहंकारी बनने का खतरा बढ़ जाता है। हमारी

क्या मैं मेरे खरीदारों को कम महत्त्व दे रहा हूँ?

मांगें बढ़ सकती हैं और बदले में हम कम चीज़ें दे सकते हैं। जो लोग लेन देन में विशवास करते हैं वे इस रवैय्ये से गुस्सा होकर नए देवता ढूंढते हैं। यही कारण है कि एकाधिकार अंततः विफल हो जाती है। प्रतिस्पर्धा हमें सतर्क रखती है। वह हमें सचेत रहने और innovate/ इन्नोवेट (नयापन) करने के लिए मजबूर करती है। गिरती मांग का डर हमें सचेत रखता है, हमें बेहतर मार्केटिंग करने के लिए और हमारे स्किल्ज़ बढ़ाने में मजबूर करता है।

प्रतिस्पर्धियों की सूची बनाए (संभावित सागर)	**जिन कस्टमर पर आप आय के लिए निर्भर हो उनकी सूची बनाए (संभावित विश्वामित्र)**	**उन मौकों की सूची बनाए जब आपने आपके सोर्स ऑफ़ इनकम को कम महत्त्व दिया है**

याद रखें, खर्च करने से आप पैसे नहीं गँवाते। उससे केवल ऋण निर्माण होते हैं - जो खर्च आपने किए हैं, जिन्हें आपको चुकाना है चाहे आप पैसे कमाते हो या नहीं। पर्याप्त कमाई नहीं करके आप पैसे खो देते हैं। कभी कभार अन्य लोग आपके द्वारा दी गई वस्तुओं और सेवाओं से बेहतर वस्तु और सेवाएं दे सकते हैं। कभी कभार आपके द्वारा दी गई वस्तुओं और सेवाओं के लिए पर्याप्त मांग नहीं होती है। कभी कभार आपके कस्टमर आपसे चिढ़कर आपकी वस्तुएं

और सेवाएं नहीं लेना चाहते और अपनी भूख दूसरे देवताओं से भरना चाहते हैं। । इन स्थितियों में आप पर्याप्त मात्रा में पैसे नहीं कमाते।

आपके गुड्स और स्किल्ज़ आप कैसे अपग्रेड कर रहे हैं, उसकी सूची बनाए	आपके पुराने ग्राहकों को आप कैसे ख़ुश रखते हैं, उसकी सूची बनाए	नए ग्राहक आप कैसे पाएंगे उसकी सूची बनाएं

बृहस्पति की सीख

हम पैसा तब खोते हैं जब बाजार में कोई हमसे बेहतर सामान और सेवाएं देता है, या जब हमारे द्वारा पेश किए जाने वाले सामान और सेवाओं की कोई मांग नहीं होती है, या जब हम बाजार से प्रतिक्रिया लेने और सुधार करने हेतु आलसी हो जाते हैं।

4

कौन करेगा भुगतान ?
सीखते हैं ऋणों के बारे में अगस्त्य से

शिव से प्रेरित होकर अगस्त्य ने अपनी आँखें बंद कीं और ध्यान में बैठ गए। अपनी तीसरी आँख खोलकर कामदेव को नष्ट करने का उन्होंने दृढ़ संकल्प किया। यह इसलिए कि वे भूखे और दुःखी नहीं रहना चाहते थे। उन्हें मनः शांति चाहिए थी।

लेकिन फिर उन्होंने देखा कि उनके पूर्वज या पितृ एक अथाह गड्ढे के ऊपर लटके हुए हैं। वे रोते हुए कह रहे थे - हमने आपको जन्म दिया। हमने आपको बड़ा किया, आपको खिलाया, आपको शरण दी, आपको शिक्षण दिया। आपका जीवन, शरीर और ज्ञान का हमारे प्रति ऋण है। आप हमारे ऋणी हो। आपको यह ऋण चुकाना होगा, ताकि हम पुनर्जन्म ले सकें। वरना आप कभी मुक्त नहीं होंगे। जब आप मरोगे, तब आप भी मृतकों की भूमि में फंस जाओगे, पिशाचों की तरह, किसी शरीर के लिए हमेशा भूखे, भोजन के लिए हमेशा भूखे। किसी बच्चे को जन्म दो। कम से कम किसी बच्चे को गोद लो। अगली पीढ़ी को बड़ा

करो और पिछली पीढ़ी के प्रति अपना ऋण चुकाओ।'

अगस्त्य ने तय किया कि वे बच्चों को गोद लेंगे, उनकी परवरिश करेंगे और अपने पूर्वजों का ऋण चुकाएंगे। इन सबके बाद वह कामदेव को नष्ट करने के अपने मुख्य लक्ष्य पर ध्यान देंगे। वे आस पास के लोगों से पूछने लगे कि क्या गोद लेने लायक कोई अनाथ बच्चे हैं जिनकी परवरिश वे कर सकते थे। लोगों ने कहा, 'आपके पास कोई घर नहीं है, कोई आय नहीं है। आप अकेले रहते हो और कोई जायदाद भी नहीं है। हम आपको अनाथ बच्चों की देखभाल क्यों करने देंगे? आप उन्हें कैसे खिलाओगे?'

इसलिए अगस्त्य ने बच्चों को जन्म देने का निर्णय लिया। उसके लिए उन्हें विवाहित होना आवश्यक था। अगस्त्य एक राजा के पास गए और उनसे कहा कि वे उनकी बेटी से विवाह करना चाहते थे। राजा बोलें - 'मैं अपनी बेटी से तुमसे विवाह करने के लिए निश्चित ही कहूँगा। लेकिन मेरे प्रति आपका जो ऋण बनेगा आप कैसे चुकाओगे?'

राजा की राजकुमारी का नाम लोपमुद्रा था। वे अगस्त्य से बोली, 'मैं तुमसे शादी करूंगी और तुम्हारे बच्चों को जन्म देकर उनकी परवरिश भी करूंगी। आपके पूर्वजों के प्रति आपका ऋण चुकाने में मैं आपकी मदद करूंगी। लेकिन मैं एक राजकुमारी हूँ। मैं चाहती हूँ कि आप मेरे साथ एक राजकुमारी की तरह व्यवहार करें और मेरे पिता ने मुझे जो भी सुख सुविधाएं दी हैं, वे सब मुझे दें। आपके पूर्वजों के प्रति ऋण चुकाने के लिए आपको मुझे यह चीज़ें देनी होंगी।'

लोपमुद्रा और उसके पिता के प्रति ऋण चुकाने के लिए अगस्त्य को एक आय की आवश्यकता थी। उन्होंने सुना था कि अतपि राक्षस के पास बहुत सारा सोना था।

जब वे अतपि के पास गए तब अतपि ने उनसे कहा, 'अगर मेरा परोसा हुआ भोजन आप खाते हो तो मैं आपको सोना दूंगा।' अगस्त्य ने ख़ुशी ख़ुशी यह बात स्वीकार की। लेकिन भोजन मांसाहारी था। अगस्त्य शाकाहारी भोजन पसंद करते थे, लेकिन कोई चारा ना होने के कारण उन्होंने परोसा हुआ भोजन खा

लिया। आय मिलने का वह एकमात्र रास्ता था।

भोजन समाप्त होने के पश्चात अतपि चिल्लाए, 'वतपि, बाहर आ जाओ।' तब अगस्त्य ने संतोषजनक डकार मारी। अतपि चौंक गए। उनके भाई वतपि में आकार बदलने की शक्ति थी। वतपि ने एक बकरी का रूप लिया था जिसे अगस्त्य के भोजन के लिए मार दिया गया था। अतपि के चिल्लाने पर वतपि अगस्त्य का पेट चीरकर बाहर निकलने वाले थे। दोनों राक्षस भाई अगस्त्य को उत्साह से खाने वाले थे और उनकी सारी संपत्ति हड़पने वाले थे। उसी तरह उन्होंने कई यात्रियों को मारकर उनका सारा सोना इकट्ठा कर लिया था। दुर्भाग्य से, जब तक अतपि ने वतपि को बाहर बुलाया था तब तक अगस्त्य ने वतपि को पचा लिया था।

अतपि रोने लगे। 'अब मैं क्या खाऊंगा? तुम तो जीवित हो। मेरे खाने लायक कुछ भी नहीं बचा। मेरा भाई भी मर गया है। मेरे पास भविष्य में भोजन खोजने का कोई साधन भी नहीं है। सब तुम्हारी वजह से। अब तुम्हें मेरा ऋण चुकाना होगा।'

अगस्त्य बोलें, 'तुमने जो कहा वो मैंने किया। मैंने तुम्हारा भोजन खाया। अब मुझे सोना दो। जैसे मैंने आय का स्रोत खोज निकाला तुम्हें भी वही करना होगा।' अतपि को अगस्त्य की बात माननी पड़ी।

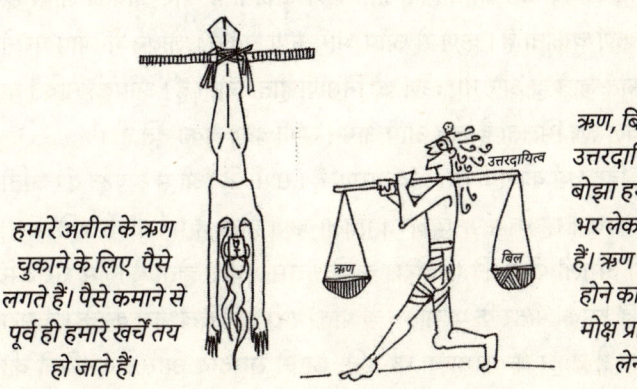

हमारे अतीत के ऋण चुकाने के लिए पैसे लगते हैं। पैसे कमाने से पूर्व ही हमारे खर्चे तय हो जाते हैं।

ऋण, बिल और उत्तरदायित्व का बोझा हम जीवन भर लेकर चलते हैं। ऋण से मुक्त होने का अर्थ है मोक्ष प्राप्त कर लेना।

अतपि का आधा सोना अगस्त्य ने लोपमुद्रा के पिता को दिया। बाकि के सोने से उन्होंने लोपमुद्रा के लिए सुंदर घर बनाया। उस घर में मछलियों से भरा तालाब था, फल देने वाले पेड़ों का एक बाग था और एक गौशाला थी। गाय भोजन के लिए दूध देती थीं और ईंधन के लिए गोबर देती थीं। वहाँ अगस्त्य और लोपमुद्रा पति-पत्नी बनकर रहे, उनके बच्चे हुए और उन्होंने उनकी परवरिश की।

उनके बुढ़ापे में उनके सबसे छोटे बेटे ने उनसे कहा, 'आपने मुझे जन्म दिया और मेरी परवरिश की। मैं आपका ऋणी हूं। इसलिए काशी में शिव और शक्ति से मिलने की आपकी इच्छा मैं पूरी करूंगा।' यह सुनकर अगस्त्य खुश हुए, पर वे और लोपमुद्रा बूढ़े हो चुके थे। अगस्त्य में चलने की शक्ति चली गई थी और लोपमुद्रा की आँखों की रौशनी चली गई थी। इसलिए उनके बेटे ने कंधे पर लटकने वाला गोफन बनाया। गोफन के दोनों ओर टोकरियां थीं। एक टोकरी में उसने अगस्त्य को बिठाया और दूसरी में लोपमुद्रा को बिठाया। ऐसे कर वह उन्हें काशी लेकर गया।

काशी में, अगस्त्य ने शिव को भैरव के रूप में कोतवाल के रूप में पाया। भैरव ने उन्हें समझाया, 'अन्नपूर्णा ने पिशाचों को एक शरीर दिया और उस शरीर के लिए भोजन भी दिया। उसके बदले में मैं काशी की रक्षा करता हूँ। उसी तरह, आपके बेटे को आपके प्रति ऋण चुकाना है और आपको लोपमुद्रा के प्रति ऋण चुकाना है। ऋण से आप भाग नहीं सकते। जीवन में आप पुराने ऋण चुकाते जाते हो और नए ऋण का निर्माण होता जाता हैं। आपको मुक्ति या मोक्ष केवल तब मिलता है जब आप अपने सभी ऋण चुका देते हो।'

ऋण, हिंदू धर्म की एक मूल अवधारणा है। सभी हिंदुओं से अपेक्षा की जाती है कि वे पांच तरह के ऋण चुकाएं। पहला ऋण होता है पूर्वजों के प्रति ऋण, बच्चों की अगली पीढ़ी की परवरिश करके। दूसरा ऋण होता है जिस शरीर में वे बसते हैं उसके भीतर के परमात्मा के प्रति, शरीर की देखभाल करके। तीसरा ऋण होता है बाहर के परमात्मा के प्रति, अपने समुदाय और अजनबियों की

देखभाल करके। चौथा ऋण होता है हमें जो खिलाते हैं उनके प्रति, उन्हें वस्तुएं और सेवाएं देकर। पांचवा और अंतिम ऋण होता है प्रकृति के प्रति, पौधों, जानवरों, नदियों और पहाड़ों की देखभाल करके।

सभी जीवित प्राणी - पौधों से लेकर जानवरों और मनुष्यों तक, यहां तक की राजा और देवता भी ऋण में होते हैं। यदि आप जीवित हो तो विश्व के प्रति आपका ऋण होता है। हमें पालने वाले माता-पिता का ऋण, हमारी रक्षा करने वाले परिवार का ऋण, हमें समर्थन देने वाले मित्रों का ऋण, हमें राह दिखाने वाले समुदाय का ऋण, पूरे विश्व का ऋण जो हमारे जीवन में अवसर पैदा करता है और खतरों को हमसे दूर रखता है और प्रकृति का ऋण जो सभी संस्कृतियों और सभ्यताओं को बनाए रखती हैं, यह सभी ऋण हमें चुकाने पड़ते हैं। व्यावहारिक रूप से, हमें अपने तरह तरह के बिल का भुगतान करना आवश्यक है अन्यथा हम हमेशा कर्ज के जाल में फंसे रहेंगे। इसलिए हमें लक्ष्मी की आवश्यकता होती है।

वे दायित्व चुने जिन्हें आप त्याग नहीं सकते	प्राथमिकता दीजिए (1 से लेकर 6 तक)
स्वयं के प्रति	
परिवार के प्रति	
समुदाय के प्रति	
समाज के प्रति	
प्रकृति के प्रति	

बहुत से लोग जो काम करने से अपने बिल का भुगतान करते हैं, उन्हें लगता है कि जो लोग अपने परिवार से विरासत में धन प्राप्त करते हैं, वे भाग्यशाली होते हैं। लेकिन ऐसे भाग्य की एक कीमत भी होती है। इन लोगों को अपने परिवार का आज्ञापालन करना पड़ता है: इसलिए उन्हें उन लोगों से विवाह करना

पड़ता है जिनसे वे प्यार नहीं करते, और उन लोगों के साथ दोस्ती करनी पड़ती है जिन्हें वे पसंद नहीं करते। उन्हें उन कार्यक्रमों में जाना पड़ता है जिनसे वे नफरत करते हैं। इतने सारे पैसों के बावजूद वे जाल में फंसा हुआ महसूस करते हैं। वे उससे बाहर नहीं निकल सकते। यह विरासत में मिली दौलत की कीमत है। जब धनवान लोग अपने बिल का भुगतान नहीं करते, तब वे भी ऋण में डूबे जाते हैं।

अगस्त्य की सीख

हमें अपने ख़र्चे स्वयं चुकाने है। हमारी कमाई शुरू होने से पहले ही हमारे ज्यादातर ख़र्चे बकाया हो जाते हैं। जब दूसरे लोग हमारे बिलों का भुगतान करते हैं, तो हम उनके कर्ज तले आ जाते हैं। आज या कल, इस रास्ते या कोई और रास्ते, साहूकार अपने पैसों के वापसी की मांग करेगा।

5

कैसे बचाएं हम अपने धन को ?
सीखते हैं बचत के बारे में सत्यभामा से

एक बार इंद्र ने कृष्ण से मदद मांगी। वे चाहते थे कि कृष्ण नरकासुर को मार डालें और चुराया हुआ खजाना वापिस ले आए। कोई विचार किए बिना, कृष्ण ने नरकासुर से युद्ध किया, उसे हरा दिया और इंद्र का सारा खजाना उन्हें वापस लौटा दिया। तब सत्यभामा ने कृष्ण से पूछा, 'तो इंद्र ने बदले में तुम्हें क्या दिया?'

'कुछ नहीं,' कृष्ण बोलें।

'क्यों? क्या वे आपके ऋणी नहीं हैं?'

'लेकिन मैं कुछ नहीं चाहता,' कृष्ण मुस्कुराकर बोलें।

'बढ़िया है। लेकिन मेरा क्या? मुझे कुछ चाहिए। मुझे इंद्र के बाग से पारिजात वृक्ष चाहिए।

'क्या आप मेरे लिए वो ला सकते हो?' सत्यभामा ने पुछा।

कृष्ण ने इंद्र से पारिजात वृक्ष की मांग की पर इंद्र ने इंकार किया।

'इस पारिजात वृक्ष की जगह स्वर्ग में है। मैं तुम्हें इसे द्वारका ले जाने नहीं दे सकता।' इंद्र के अकृतज्ञता से कृष्ण चौंक गए। वे समझ गए कि इंद्र उनका शोषण कर रहे थे: जहां बराबर का लेन देन नहीं होता वहां शोषण होता है। क्रोधित होकर, उन्होंने इंद्र से युद्ध किया और स्वर्ग से पारिजात छीनकर उसे द्वारका में सत्यभामा के लिए स्थापित किया।

पारिजात की घटना के बाद कृष्ण ने वादा किया कि किसी के साथ वे पहले कोई चीज़ स्वीकार करेंगे और सिर्फ़ तब उन्हें कोई चीज़ देंगे।

इसलिए, जब कृष्ण के मित्र सुदामा उनसे मिलने आए, तब कृष्ण ने उनका घर में स्वागत करते हुए कहा, 'कितना ख़ुश हूँ मैं तुम्हें देखकर। इतने सालों बाद मुझे खाली हाथ तो मिलने नहीं आए होंगे तुम? कोई भेंट तो निश्चित ही लाई होगी तुमने?' सुदामा ने तीन दिनों तक भूखे रहकर कुछ फूले हुए चावल अलग रखे थे। उन्होंने बड़ी अनिच्छा से इस चावल का एक छोटा हिस्सा कृष्ण को दिया। यह भेंट पाकर कृष्ण प्रसन्न हो गए और उसे उत्साह से खाने लगे। सुदामा खुश हुए कि उनके धनवान मित्र ने उनकी वह मामूली भेंट स्वीकार की थी। कृष्ण ने पहले एक मुट्ठी भर चावल खाया। फिर उन्होंने दूसरी मुट्ठी चावल खाया। वे सारा चावल खाने ही वाले थे जब सत्यभामा ने उनका हाथ पकड़ा और कहा, 'क्या आप अपने परिवार के लिए कुछ नहीं छोड़ेंगे? निश्चित ही हमें भी कुछ खाना होगा।'

सत्यभामा जानती थी कि यदि सुदामा ने कृष्ण से पैसे मांगे होते, तो वह कृष्ण को पैसे देने से रोकती। इसलिए सुदामा से पहले ही भेंट लेकर कृष्ण उनके ऋणी बन गए थे। अब कृष्ण को सुदामा का ऋण चुकाना आवश्यक था। और आदर्श पत्नी होने के नाते सत्यभामा को उनका समर्थन करना आवश्यक था।

चूँकि सुदामा ने अपना सब कुछ कृष्ण को दिया था, कृष्ण भी सुदामा को अपना सब कुछ देने के लिए मजबूर थे। लेकिन यदि वे ऐसा करते, तो उनकी गृहस्थी कैसे चलती? इसलिए सत्यभामा ने कृष्ण को उन्हें भी खिलाने के लिए कहा, ताकि कृष्ण को अपने परिवार की भूख की याद आती।

उन सभी इंद्रों की सूची बनाएं जिन्होंने आपकी मदद ली है लेकिन उनमें सामर्थ्य होने पर भी आपका ऋण नहीं चुकाया	उन सभी सुदामाओं की सूची बनाएं जिन्होंने आपसे मदद ली है, लेकिन आप जानते हैं कि वे आपका ऋण कभी नहीं चुका सकते

सुदामा के चले जाने के बाद सत्यभामा ने कृष्ण से कहा, 'हरिश्चंद्र ने अपना सारा धन दूसरों को दे दिया। उसके बाद, विश्वामित्र की मदद करने के लिए, उन्होंने खुद को, अपनी पत्नी को और अपने बच्चे को नौकर के रूप में बेचकर पैसे कमाए थे। जब हमारे पास पैसे नहीं होंगे और आपको सुदामा जैसे दूसरे लोगों की मदद करनी होगी तब क्या आप हमें भी बेचोगे?

'चिंता मत करो,' कृष्ण ने कहा। 'मैं हमेशा पृथ्वी की देखभाल करूंगा और बदले में पृथ्वी हमें खिलाएगी। यह पृथ्वी गो-माता हैं और मैं उनका गो-पाल हूँ। मैं उनकी रक्षा करता हूं, और वे अपने दूध से मेरा पोषण करती हैं। जबसे मैं गो-कुल में ग्वाला था तबसे मैं यह करता आ रहा हूँ।

फिर सत्यभामा ने पुछा, 'जिस दिन गाय दूध नहीं देती थी उस दिन आप क्या खाते थे?'

कृष्ण झट से बोलें, 'दही और मक्खन खाता था और पनीर और घी की मिठाइयां भी।' उन्हें याद आया कैसे यशोदा मैया उन्हें सारा दूध पी जाने पर डांटती थीं। वे कृष्ण को पीने के लिए केवल एक तिहाई दूध देती थीं। एक तिहाई दूध से वे पनीर बनाती अगले कुछ हफ़्तों में खाने के लिए। और बचे एक तिहाई

दूध से वो अगले दिन खाने के लिए दही जमाती। दही के आधे हिस्से से वह अगले दिन खाने के लिए मक्खन और छाछ बनाती। आधे मक्खन से घी बनाया जाता, जो अगले कुछ महीनों तक इस्तेमाल किया जा सकता था। गाय के दूध को दही, मक्खन, पनीर और घी में परिवर्तित कर यशोदा यह सुनिश्चित करती कि जिन दिनों गाय दूध नहीं देती थीं उन दिनों के लिए भी भोजन रहता था।

यशोदा कृष्ण से गाय को ध्यानपूर्वक देखने के लिए कहती। 'देखो वह कैसे जल्दी से घास खाती है और उसे आराम से चबाती है। वह पहले एक पेट में भोजन इकठ्ठा करती है और बाद में दूसरे पेट में पचाती है। उसकी तरह हमें भी भोजन का आनंद लेने से पहले भोजन को इकठ्ठा करना चाहिए।' कृष्ण समझ गए कि गाँव में हर कोई अपनी गाय को 'वर्तमान-लक्ष्मी' क्यों कहते थे, जबकि सबकी माँ को 'भविष्य-लक्ष्मी' कहा जाता था। द्वारका में सत्यभामा कृष्ण की भविष्य-लक्ष्मी थीं।

सत्यभामा एक धनी परिवार में पली बढ़ी थी और वे लक्ष्मी का मूल्य जानती थी। वह जानती थी पैसों को कैसे कमाना चाहिए, उन्हें खर्च कैसे करना चाहिए, उन्हें बांटना कैसे चाहिए और उनकी बचत कैसी करनी चाहिए। उन्होंने कृष्ण की आय के साथ साथ उनकी बचत पर भी ध्यान दिया। जैसे पार्वती शिव की मंगला थीं, जो उनके घर में लक्ष्मी को ले आईं, सत्यभामा कृष्ण की मंगला थीं और वे कृष्ण के घर में लक्ष्मी को ले आईं।

सत्यभामा जानती थी कि जब तक हम आज की लक्ष्मी का एक हिस्सा बचाएंगे नहीं, हमें कल की लक्ष्मी कभी नहीं मिलेगी। यदि हम गाय का सारा दूध आज ही पी जाएंगे, तो कल के लिए दही नहीं बचेगा, परसो के लिए मक्खन नहीं बचेगा और अगले दिनों के लिए पनीर और घी नहीं बचेगा। सत्यभामा बचत का मूल्य जानती थी। इसलिए वह धनवान थीं।

जब हमें कोई आय मिलती है, तब दूसरों को भुगतान करने से पहले खुद को भुगतान करना आवश्यक है। ऐसा करने से हम अपने 'वर्तमान' के स्वयं को नहीं बल्कि अपने 'भविष्य' के स्वयं को भुगतान करते हैं। आज हम कमा रहे

आज के लिए आनंद उठाने और बांटने के लिए ताज़ा खाना

कल खाने और आनंद उठाने के लिए अचार जैसा बनाया हुआ खाना

भविष्य के लिए रोपित करने का बीज

हैं और इसलिए बिल का भुगतान करने, ऋण चुकाने, मौज-मस्ती करने और उदार होने का खर्चा उठा सकते हैं। लेकिन क्या होगा जब हम बूढ़े होंगे और हमारी कोई आमदनी नहीं होगी? हमें तब भी बिल का भुगतान करने, ऋण चुकाने, मज़ा करने और उदार होने में सक्षम होना आवश्यक है, है ना? इसलिए हमारे 'भविष्य' के स्वयं को पैसे देने के लिए हमें हमारी 'वर्तमान' आय का इस्तेमाल करना होगा।

द्वारका में ख़ुद खाने से पहले कृष्ण सत्यभामा को खिलाते हैं। सत्यभामा कृष्ण के भविष्य का प्रतीक हैं। उन्हें खिलाकर कृष्ण अपना भविष्य सुरक्षित कर रहे हैं। वे सुनिश्चित कर रहे हैं कि जितनी लक्ष्मी उनके वर्तमान में है उतनी ही लक्ष्मी उनके भविष्य में भी होगी।

बचत करने का नियम सरल है: पहले बचत करें, बाद में खर्च करें। जैसे ही आपके हाथ में या आपके बैंक अकाउंट में कोई आय आती है, उसका 10, 20 या 50 प्रतिशत तक बचत करें। फिर बची हुई आय से बिल भरें, ऋण चुकाएं, आनंद उठाए और उदार बने। बचत करना आपके भविष्य के लिए पैसे बचाना है। ऐसा हरदम करें। यह आपकी ख़ुद की ओर कृपादृष्टि होगी।

आपने कितना कमाया है?	क्या उस रकम का कम से कम 10 % आपने बचाया है?
पिछले साल में?	
पिछले पांच सालों में?	
पिछले 10 सालों में?	
जबसे आपने काम शुरु किया?	

सत्यभामा की सीख

हम पैसा तभी बचाते हैं जब हम जो कमाते हैं उसका 90 फीसदी से कम खर्च करें। हमें पहले बचत करनी चाहिए और फिर खर्च करना चाहिए। बचत का मतलब है कि हम अपने भविष्य का भुगतान पहले कर रहे हैं । एक युवा व्यक्ति के रूप में हमें अपने बुढ़ापे का बंदोबस्त करना चाहिए , बजाय इस उम्मीद के कि हमारे बच्चे या परिवार हमारी देखभाल करेंगे। समझदारी इसी में है।

6

क्यों हम हड़पते हैं धन ?

सीखते हैं लूट और शोषण के बारे में कुबेर से

ब्रह्मा के पुत्र, पुलत्स्य, के पुत्र का नाम विश्रव था। विश्रव के दो बेटे थे: कुबेर और रावण। कुबेर यक्षों के राजा थे और रावण राक्षसों के राजा थे।

कला और धार्मिक मूर्तिशास्त्र में कुबेर को मणि थूकने वाले पालतू नेवला के साथ दिखाया जाता है। यह नेवला धरती के नीचे रहने वाले नागों को मारता था। वह नागों के फण में गाड़े हुए मणि निगल जाता था और फिर कुबेर की ख़ातिर उन्हें बाहर थूकता था। इस तरह कुबेर बहुत धनी बन गए। उनके पास इतना पैसा इकठ्ठा हो गया कि उनकी पत्नी को निधि बुलाया जाने लगा, जो खजाने का दुसरा नाम था। कुबेर की ऐसी नौ पत्नियां थीं। नौ निधि। उनके पास इतना सोना था कि उन्होंने त्रिकूट द्वीप पर सोने की लंका बनाई। खाना खाकर कुबेर का पेट इतना बड़ा हो गया कि वे चल नहीं सकते थे और मनुष्यों को उन्हें उठाकर यहाँ वहां ले जाना पड़ा। वे एकमात्र देव हैं जिनके वाहन मनुष्य हैं, जिस कारण उन्हें नर-वाहन बुलाया जाता है।

कुबेर को धन इकट्ठा करना बहुत पसंद था और बांटना बिलकुल पसंद नहीं था। इस कारण उनके भाई रावण उनपर गुस्सा हुए और उनसे ईर्ष्या करने लगे। रावण ने लंका पर वार किया, कुबेर को लंका से बाहर निकाल दिया और ख़ुद को लंकापति घोषित कर दिया। जो बर्ताव कुबेर ने नागों के साथ किया था ठीक वही बर्ताव रावण ने कुबेर के साथ किया। कुबेर ने अनगिनत नागों को मारकर उनके मणि छीने थे; रावण ने यक्षों को मारकर कुबेर की सोने की लंका अपने लिए छीन ली थी।

शायद यक्ष और राक्षस लेन देन करना नहीं जानते थे। वे जो चाहते थे उसे छीनते थे, जैसे पत्ते रौशनी छीनते हैं और जड़े पानी छीनती हैं, जैसे शाकाहारी जानवर पेड़ पौधों की अनुमति बिना उन्हें खाते हैं और मांसाहारी जानवर दूसरे जानवरों की अनुमति बिना उन्हें खाते हैं। निसर्ग में खाना छीनना और खाने के लिए हत्या करना मामूली बात है। यक्ष और राक्षस हत्या कर संपत्ति लूटते थे। कुबेर ने नागों को उनके मणियों के लिए मारा। रावण ने यक्षों को लंका से बाहर निकालकर उनके खजाने पर दावा किया। नागों ने कुबेर को चोर कहा। कुबेर ने रावण को चोर कहा। हिंसा का यह चक्र प्रकृति के हिंसा के चक्र के समान था: खाओ या खाए जाओ। वह जो भोजन के लिए मारता है बदले में किसी का भोजन बनने के लिए मारा जाता है।

ऋषि चाहते थे कि राक्षस अपने तौर तरीके बदले - छीनने को लेन देन में परिवर्तित करें। उन्होंने राक्षसों की मदद करनी चाही। लेकिन राक्षस ऋषियों पर संशय करते थे। रावण की मदद से राक्षसों ने ऋषियों को भगाना चाहा, जबकि राम की मदद से ऋषियों ने राक्षसों को काबू में रखना चाहा।

रावण ने राम की पत्नी सीता का अपहरण कर उन्हें अपनी रानी बनाने के दृढ निश्चय से लंका में बंद कर दिया। किसी दूसरे पुरुष की पत्नी होते हुए भी रावण को उसकी परवाह नहीं थी। जब रावण के भाई, विभीषण ने इसका विरोध किया तब रावण ने उसे लंका से बाहर निकाल दिया। इसके बीच, राम ने वानरों और भालुओं की एक सेना खड़ी की। उन्होंने लंका तक सेतु बनाया,

लंका पर वार किया, विभीषण की मदद से रावण का वध किया और सीता को मुक्त किया। उन्होंने विभीषण को लंका का राजा घोषित किया यह कहते हुए, 'तुमने मुझे रावण को पराजित करने में मदद की और मैंने तुम्हारा ऋण तुम्हें लंका का राजा बनाकर चुकाया। इसी तरह, तुम भी दूसरों की मदद करो ताकि वे भी तुम्हारी मदद कर सकें। कभी छीनना मत; हमेशा कुछ देने से शुरू करना ताकि आपको बदले में कुछ मिल सकें। इसे यज्ञ कहते हैं। इसे धर्म कहते हैं।'

जो लोग लेन देन को महत्व नहीं देते हैं, वे शोषण, छीनना और चोरी करते हैं। प्राचीन काल में, योद्धा किसानों और चरवाहों पर हमला करते थे ताकि उनके अनाज और मवेशी को वे चुरा सकें। बाद में, यह योद्धा ज़मीन पर दावा करते और किसानों और चरवाहों को गुलाम बना देते। उन्हें जीने सिर्फ़ तब दिया जाता जब वे अपनी संपत्ति का अधिकांश हिस्सा योद्धाओं को देते।

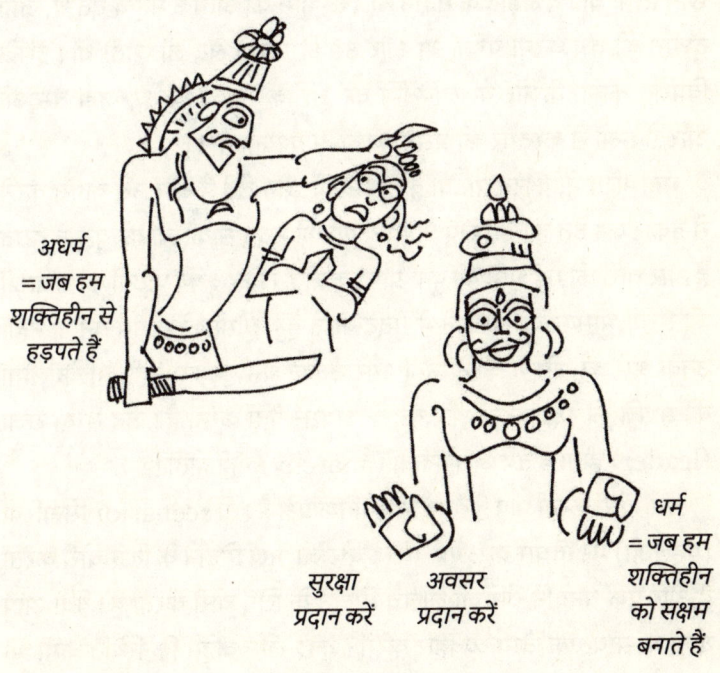

विष्णु पुराण में बताया गया है कि ऋषि जमदग्नि को अपनी सेवाओं के बदले में, हैहैयस के राजा, कृतवीर्य से एक गाय मिली थी। इसके बाद, कृतवीर्य के पुत्र कर्तवीर्य को वह गाय फिर से चाहिए थी। जब जमदग्नि ने गाय देने से इंकार किया, तब कर्तवीर्य ने गाय को जबरदस्ती छीन लिया। इससे क्रोधित होकर जमदग्नि के पुत्र ने कर्तवीर्य को काटकर उनकी हत्या की। जमदग्नि के पुत्र परशुराम के नाम से प्रसिद्ध हुए। शोषण, छीनने और चोरी का हमेशा हिंसा के साथ प्रारंभ और अंत होता है।

भागवत पुराण में, कृष्ण एक ग्वाला हैं और उनके भाई, बलराम, एक चरवाहा हैं। दोनों भाइयों ने मथुरा के राजा कंस को, उनके अनुयायियों को और अंततः कंस के ससुर और मगध के राजा जरासंध को कुश्ती में मार डाला। यह इसलिए कि कंस और जरासंध ने लक्ष्मी को युद्ध के माध्यम से बलपूर्वक छीन लिया था। वे लड़ाई के मैदान या रण-भूमि को अधिक महत्व देते थे, जहां दुश्मन को वध करना पड़ता था और उसकी संपत्ति लूट ली जाती थी। इसके विपरीत कृष्ण, बाज़ार या रंग-भूमि को अधिक महत्त्व देते थे, जहां वस्तुओं और सेवाओं से कस्टमर को प्रसन्न करना आवश्यक था।

महाभारत में, कौरव पांडवों की भूमि को छीन लेते हैं और उसे वापस करने से इंकार कर देते हैं। इसलिए पांडव कृष्ण की मदद से कौरवों को युद्ध में हराते हैं और चोरी की गई भूमि को पुनः प्राप्त करते हैं। फिर कृष्ण पांडवों को राजाओं की सच्ची भूमिका को समझने में मदद करते हैं - लोगों को गुलाम बनाना नहीं, उनके श्रम का शोषण करना नहीं और उनका धन हड़पना नहीं, बल्कि लोगों की संपत्ति की रक्षा करना और यज्ञ के अवसर पैदा करना है। जब सच्चा राजा (leader) होता है तब अराजकता (anarchy) नहीं होती।

क्या चोरी करना पाप है? यह एक नैतिक प्रश्न है। दो scenario/ सिनारियो (पहलुओं) पर विचार करें: एक गरीब चोर जो भूख मिटाने के लिए चोरी करता है और एक धनवान चोर जो लालच मिटाने के लिए चोरी करता है। क्या आप दोनों के साथ एक जैसा व्यवहार करेंगे? कुछ लोग कहेंगे कि स्थिति कैसी भी

राजाओं को परशुराम से मिली चेतावनी:

आप छीनोगे नहीं।

आप दूसरों को छीनने नहीं दोगे।

आप लोगों को लेन देन करना सिखाओगे।

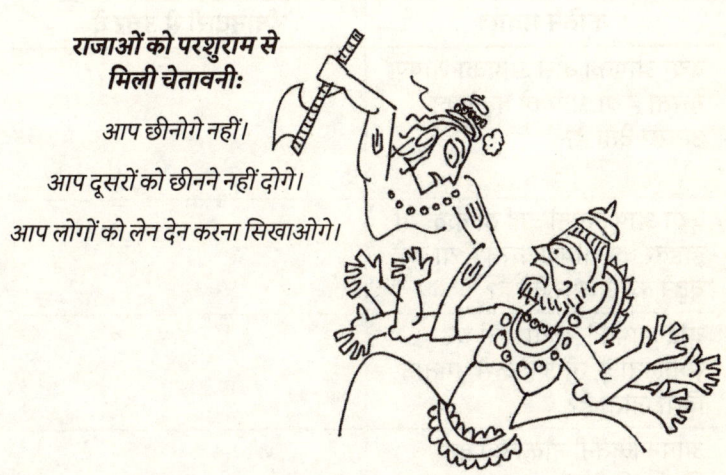

हो, चोरी कभी नहीं करनी चाहिए। दूसरों का कहना है कि यदि गरीब चोरी करते हैं, तो वह ठीक है क्योंकि उन्हें जीवन में धन कमाने के अवसर नहीं दिए गए हैं। वे कहते हैं कि धनवान लोगों को दूसरों के लिए धन कमाने के अवसर पैदा करने चाहिए। चोरी करने (जब आपके पास कोई और चारा नहीं होता) से बड़ा अपराध है धन कमाने के अवसर नहीं पैदा करना (जब आपके पास अवसर निर्माण करने के सभी संसाधन होते हैं)।

धन बनाने के अवसर नहीं होने पर लोग धन छीन लेते हैं। जब वे लेन देन को महत्त्व नहीं देते तब वे धन छीन लेते हैं। जब मनुष्य संसाधनों को लूटकर धन का सृजन करते हैं, तब वे राक्षस समान होते हैं। जब मनुष्य जमाखोरी करके धन कमाते हैं और धन बांटते नहीं हैं, तब वे यक्ष समान होते हैं। राजा वह होता है जो अराजकता को रोकता है, जहां लेन देन के बजाय लोग छीनते हैं, शोषण करते हैं और हड़पते हैं। क्षत्रिय वह होता है जो धन कमाने के अवसरों से भरा बाज़ार स्थापित करता है।

कठिन सवाल	ईमानदारी से उत्तर दें
क्या आपका बॉस आपका शोषण करता है या आपको बढ़ने का अवसर देता है?	
क्या आप अपनी बाई या कुक या ड्राइवर का शोषण करते हैं या उन्हें बढ़ने का अवसर देते हैं?	
यदि आपकी माँ या पत्नी घर संभालती हैं, तो उन्हें कैसे भुगतान दिया जाता है?	
आपने कितनी नौकरियों का निर्माण किया है?	
आपको क्या लगता है - सरकार जॉब क्रिएटर है या टैक्स कलेक्टर?	

कुबेर की सीख

हम तब पैसे हड़पते हैं जब जब हमारे पास आदान-प्रदान के लिए कोई अवसर नहीं होता है, या हमें आदान-प्रदान पर कोई भरोसा नहीं होता है, या जब हमारी भूख अन्य लोगों की भूख से अधिक मायने रखती है।

7

कैसे संभाले हम अपने धन को ?
सीखते हैं हिसाब और आयोजन के बारे में गणेश से

वेना उन लोगों का नेता था जो धर्म का सम्मान नहीं करते थे। वो यज्ञ नहीं करता था। उसने अपनी अतृप्त भूख को संतुष्ट करने के लिए पृथ्वी को इतना लूटा कि पृथ्वी-देवी पीड़ित हो रो पड़ी। इसलिए ऋषियों ने घास का एक पत्ता लिया और मंत्रोच्चार से उसका एक अस्त्र बनाया और उससे वेना को मार दिया। फिर उन्होंने वेना के शव को मिट्टी में कुचलकर उससे एक नए नेता का निर्माण किया, जिसका नाम पृथु रखा गया।

धरती-माता ने पृथु से पूछा, 'जिस प्रकार एक चरवाहा अपने गायों का ख़्याल रखता है, क्या तुम भी मुझे वैसे ही रखोगे?' पृथु ने हाँ कहा। तो धरती गो-माता बनी और पृथु बना गोपाल। तब से धरती-माता को पृथ्वी कहते हैं, अर्थात 'वह जिसका पालन-पोषण पृथु ने किया वह पृथ्वी'

पृथ्वी ने फिर गाय का रूप ले लिया। ऋषि भृगु ने पृथु से कहा, 'तुम इस गाय का दूध पीकर अपनी भूख मिटाओ'। पृथु दूध निकालने वाला ही था कि ऋषि

'आपने पिछले साल और उससे पिछले साल कितना ख़र्च किया था?'

'आपको अगले वर्ष और उसके अगले वर्ष कितने धन की आवश्यकता होगी?'

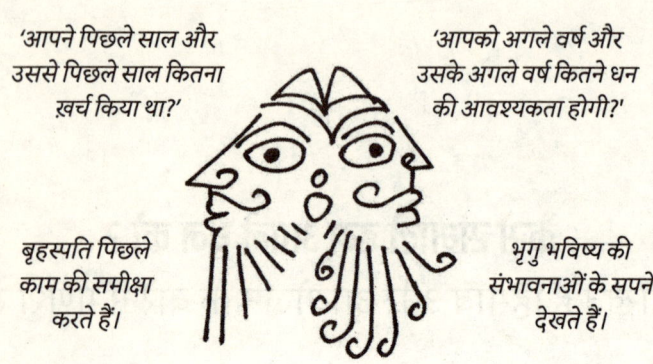

बृहस्पति पिछले काम की समीक्षा करते हैं।

भृगु भविष्य की संभावनाओं के सपने देखते हैं।

बृहस्पति ने उसे रोका। 'वेना ने पृथ्वी को चोट पहुंचाई और मारा गया। पृथ्वी के स्तनों को निचोड़ोगे तो पृथ्वी को चोट पहुँच सकती है; और उसने तुम्हारी शिकायत की तो तुम्हारा भी वही हाल होगा जो वेना का हुआ था'।

बृहस्पति और भृगु प्रतिद्वंद्वी थे। वे कभी किसी बात पर सहमत नहीं होते थे। बृहस्पति आकाश में रहने वाले देवों से प्यार करते थे। भृगु ने पाताल में रहने वाले असुरों को पसंद किया। बृहस्पति का अतीत की निश्चितता पर ध्यान था; जबकि भृगु को भविष्य की अनिश्चितताओं में रुचि थी। इस प्रकार बृहस्पति ने पृथ्वी पर चोट पहुँचाने के बाद वेना की मृत्यु की ओर पृथु का ध्यान केंद्रित किया। भृगु ने यह दिखाया कि कैसे पृथ्वी-रूपी-गाय पृथु के भविष्य की पूरी भूख समाप्त कर सकती है। दोनों ऋषि बहस करते रहे और लड़ते रहे। पृथु इसी विडम्बना में कोई निर्णय नहीं ले सका।

अंत में पृथ्वी ने पृथु से कहा, 'समस्या भोजन की नहीं थी। समस्या भूख की थी। वेना की भूख एक मस्त जंगली हाथी की तरह थी। उसने अपनी भूख को संतुष्ट करने के लिए अपने चारों ओर सब कुछ नष्ट कर दिया। आपके पास जो भूख-रूपी हाथी है उस पर नियंत्रण होना चाहिए, ताकि आप इस पर सवारी कर सकें ठीक वैसे जैसे इंद्र ऐरावत की सवारी करते हैं।'

पृथु ने सुनकर पूछा की ऐसा करने के क्या उपाय हैं?

पृथ्वी ने पृथु से कहा कि अगर वह सात बार गणेश की पूजा विधि-विधान के अनुसार करेगा तो उसे इसका जवाब मिल जाएगा। 'मिट्टी से गणेश की मूर्ति बनाओ, उसकी फूलों और फलों से वंदना करो, और फिर पानी में उस मूर्ति का विसर्जन कर दो।'

तदनुसार, पृथु ने मिट्टी का उपयोग कर गणेश की मूर्ति बनाई; फूलों और फलों का प्रसाद चढ़ाया और फिर नदी में मूर्ति का विसर्जन कर दिया। पृथु को पहली बार बहुत कठिनाई हुई: मूर्ति टूटती रही, फलों का आयोजन करते-करते फूल सूख गए; और फिर विसर्जन के समय पैर फिसल कर उसे मोंच आ गई।

दूसरी बार, पृथु ने मूर्ति शीघ्र बनाई, और बेहतर फल और फूल इकट्ठा करने में सक्षम रहा। विसर्जन में भी थोड़ी आसानी हुई। तीसरी बार, मूर्ति आराम से बन गई और पूजा में भी कोई त्रुटि नहीं हुई। चौथी बार पृथु ने पूजा को भव्य रूप से किया।

सातवीं बार तक पृथु को एक बहुत महत्वपूर्ण शिक्षा मिली: अतीत के ज्ञान ने उसे भविष्य की योजना बनाने में मदद की। पिछले सारी पूजाओं के आँकड़े बृहस्पति लिख कर रख रहे थे, उन्हें पढ़ कर भृगु आगे होने वाली पूजाओं में सुधार लाते रहे।

अतीत की सफलताओं और असफलताओं ने भविष्य के कार्यों को और अच्छा बनाया । बृहस्पति हर कार्य का विवरण ध्यानपूर्वक लिखते रहें: पूर्व में पृथु ने कितना दूध पिया, कितना दूध बेकार गया, कितना दूध पीने से पृथु की भूख मिटी, और कितना दुध पीने से अपचन हुआ। इसके अनुसार भृगु योजना बनाते की पृथ्वी-रूपी-गाय से पृथु को कितना दूध निकालना चाहिए। बृहस्पति बाधा दूर करते रहे, और भृगु उसको देख कार्यों में दुरदर्शिता लाते रहे। पृथु ने अतीत को व्यवस्थित करने के लिए बृहस्पति को लेखांकन का मुखिया बनाया। उन्होंने भृगु को भविष्य को व्यवस्थित करने के लिए नियोजन का स्वामी बनाया।

अनुष्ठान के दौरान पृथु ने यह देखा था कि गणेश पर हाथी का सिर है और

एक पुरुष का शरीर है। सिर ने उसे उसके अंदर की भूख-रूपी-हाथी की याद दिलाई और शरीर ने उसे महावत की याद दिला दी।

पृथु को यह भी याद आया कि कामदेव को भस्म करने वाले शिवजी ने भूख-रूपी-हाथी गजांतक का भी नाश किया था। शिव और पार्वती के पुत्र होने के नाते गणेश ने भूख-रूपी-हाथी को नियंत्रित करने के लिए मध्य मार्ग की स्थापना की। इस मार्ग से हमें हाथी को नियंत्रण करने का ज्ञान मिला।

गणेश के हाथ में एक अंकुश है। अंकुश के दो भाग हैं: एक नुकीला भाग जो हाथी को आगे बढ़ने का संकेत देता है, और एक काँटा जो हाथी को पीछे खींचता है। पृथु को समझ में आया कि भृगु अंकुश की नोक हैं क्योंकि वे भविष्य के बारे में सोचते हैं। और बृहस्पति काँटा है जो अतीत के बारे में सोचते हैं।

शिव भूख-रूपी-हाथी को नष्ट करते हैं और इसलिए उन्हें गजांतक कहा जाता है।

अपने आप में ना बृहस्पति मूल्यवान है, और ना ही भृगु, क्योंकि अतीत जा चुका है और भविष्य अभी बाकी है। लेकिन वर्तमान में रहकर अतीत का काँटा भविष्य की नोक को बनाने में मदद करता है। अर्थात बृहस्पति भृगु की मदद कर सकते हैं। लेखांकन और हिसाब योजना बनाने के लिए आवश्यक है। दोनों ही महत्वपूर्ण हैं हाथी-रूपी-भूख को नियंत्रण में रखने के लिए। ये ना रहे तो हाथी-रूपी-भूख हमें नियंत्रित करेगी, जैसे वेना के साथ हुआ था।

	बृहस्पति चेकलिस्ट: पिछले सप्ताह/ माह/ वर्ष का लेखा	भृगु चेकलिस्ट: वर्तमान सप्ताह/ माह/ वर्ष का पूर्वानुमान
आय		
व्यय		
बचत		

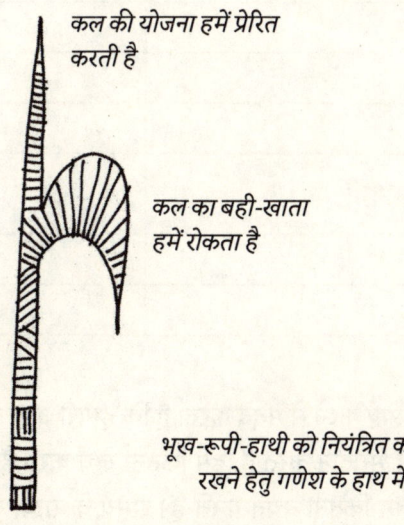

कल की योजना हमें प्रेरित करती है

कल का बही-खाता हमें रोकता है

भूख-रूपी-हाथी को नियंत्रित करने और वश में रखने हेतु गणेश के हाथ में अंकुश है।

देवदत्त पट्टनायक

पृथु ने अपने दोनों सलाहकार, भृगु और बृहस्पति से कहा, 'कृपया इस बात पर विवाद न करें कि कौन बेहतर है, और क्या बेहतर है। इससे कुछ हल नहीं होगा। आपस में बात करें, संवाद करें। पृथ्वी के भविष्य को पृथ्वी के अतीत से सीखने दें, ताकि वही ग़लतियाँ ना दोहराई जाए। भविष्य को और उज्जवल बनाने में आप दोनों संवाद करें।'

लेखांकन हमें पिछली सफलताओं और असफलताओं से अवगत कराता है। योजना हमें भविष्य के लिए एक दुरदृष्टि देती है। अकेले लेखांकन का कोई मूल्य नहीं है जब तक की यह नियोजन में सुधार नहीं करता। योजना, बिना हिसाब-किताब के, एक इच्छाधारी सोच है, वह लक्ष्य नहीं बन सकती।

व्यय/ खर्चे	**बृहस्पति चेकलिस्टः आपने पिछले महीने क्या खर्च किया था?**	**भृगु चेकलिस्टः इस महीने आप क्या खर्च करेंगे?**
भोजन		
कपड़ा		
आश्रय		
यात्रा		
मनोरंजन		
ऋण का भुगतान		
दायित्व		
शिक्षा		

लेखांकन हमें यह स्पष्ट करने में मदद करता है कि हमारी आय का स्रोत क्या है, हम करों में कितना भुगतान करते हैं, हम कितना खर्च करते हैं, हम कितना साझा करते हैं और हम कितनी बचत करते हैं। समय के साथ, लेखांकन हमें

बताता है कि क्या हमारी आय बढ़ रही है या घट रही है; हमारे खर्च बढ़ रहे हैं या गिर रहे हैं। लेखांकन हमें बताता है कि क्या हम अपने साधनों के भीतर रह रहे हैं या कर्ज में जी रहे हैं। लेखांकन हमें आपातकालीन खर्चों पर ध्यान देने में मदद करता है और फ़िज़ूल-खर्ची की आदतों से बचाता है।

इस वर्ष मैं कितना कमाऊँगा?	
भोजन, वस्त्र, आश्रय, यात्रा और उपयोगिताओं के लिए मुझे इस वर्ष कितनी आवश्यकता है?	
माता-पिता या दोस्तों या बैंक को ऋण चुकाने के लिए मुझे इस वर्ष कितनी आवश्यकता है?	
छुट्टियों और मौज-मस्ती के लिए मुझे इस साल कितनी ज़रूरत है?	
आपातकालीन या अप्रत्याशित खर्चों के लिए आप कितना अलग रखते हैं?	
इस साल मैं कितना बचा सकता हूं?	

योजना हमें हमारे सपनों को वास्तविकता से जोड़ने में मदद करती है, और हमें भविष्य के लिए एक नक्शा प्रदान करती है। लेखांकन के कारण हम अनुमानित खर्चों और अप्रत्याशित खर्चों की गणना कर सकते हैं – हमें पता चलता है की कौन से खर्चों को नियंत्रित कर सकते हैं और कौन से खर्चों को नियंत्रित नहीं कर सकते हैं। योजना हमें आकांक्षात्मक खर्चों को अनिवार्य खर्चों से अलग करने में मदद करती है; मनगढ़ंत आय को वास्तविक आय से अलग करती है; बचत को इच्छाधारी ना होकर यथार्थवादी बनाती है। लेखांकन हमें भविष्य के लिए बेहतर बजट बनाने में मदद करता है। और योजना के बिना, हमारे पास यज्ञ के लिए कोई स्पष्ट संकल्प हो ही नहीं सकता है।

जब लोग अकाउंटिंग (लेखांकन) करते हैं, तो वे एक त्रुटिहीन काम करने की कोशिश करते हैं। लेकिन ऐसा करना विशेषज्ञों और पेशेवरों के लिए है, और

करों का भुगतान करते समय के लिए। हममें से अधिकांश के लिए लगभग 90 प्रतिशत ठीक रहना पर्याप्त है; हमें एक अंदाज़ा मिलना चाहिए कि हम अपने साधनों के भीतर खर्च कर रहे हैं या नहीं; हमारे ऋण में कमी आ रही है या नहीं; और भविष्य के लिए बचत कर रहे हैं या नहीं।

बृहस्पति चेकलिस्ट (जो हमने वास्तव में हासिल किया था) के साथ भृगु चेकलिस्ट (हमने जो योजना बनाई थी) की तुलना करना अच्छा है। भविष्य को अतीत से सीखना चाहिए, और इसे वर्तमान में करने की आवश्यकता है।

हम कह सकते हैं कि वेना एक बेकाबू भूख-(हाथी) की सवारी कर रहा था और इसलिए उसने अतीत या भविष्य के लिए बिना किसी विचार के पृथ्वी को लूटा। परंतु पृथु ने यह ग़लती नहीं दोहराई - बृहस्पति और भृगु की मदद से अपनी भूख(हाथी) पर काबू पाने का तरीका सीखा। अतीत का लेखा-जोखा और भविष्य की योजना, दो परस्पर कार्यान्वित होने वाले उपकरण हैं जो हमें धन का प्रबंधन करने में मदद करते हैं। हमें बृहस्पति और भृगु के मूल्य की याद दिलाने के लिए दो हाथी हमेशा लक्ष्मी के बगल में पाए जाते हैं – सूँड़ उठाए वे लक्ष्मी पर पानी की बौछार करते दिखाई देते हैं।

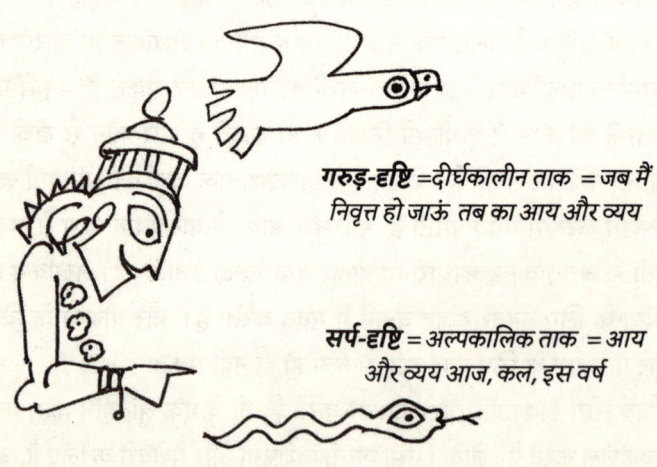

गरुड़-दृष्टि =दीर्घकालीन ताक = जब मैं निवृत्त हो जाऊं तब का आय और व्यय

सर्प-दृष्टि = अल्पकालिक ताक = आय और व्यय आज, कल, इस वर्ष

अब से पांच साल के बाद आपका खर्च कितना होगा?	अब से दस साल के बाद आपका खर्च कितना होगा?	अब से बीस साल के बाद आपका खर्च कितना होगा?	अब से चालीस साल के बाद आपका खर्च कितना होगा?

लेखांकन और नियोजन दोनों को अल्पकालिक और दीर्घकालिक होना चाहिए। हमने दीर्घकालिक लक्ष्यों को प्राप्त करने के लिए अतीत में क्या किया था और अल्पकालिक लक्ष्यों को प्राप्त करने के लिए कैसे उससे संतुलित किया था? यह हमें मदद करता है यह निर्धारित करने में कि हम भविष्य में कैसे बचत और खर्च करें। अल्पवधि सोच मतलब पिछले वर्ष और वर्तमान वर्ष की योजनाओं को देखना। इसके लिए संकीर्ण द्दष्टि चाहिए होती है, इसलिए इसे सर्प-द्रष्टि कहा जाता है। दीर्घकालिक विचार करना मतलब पुराने निवेश के बारे में strategic (योजनाबद्ध और अकलमंद) होना और अभी से सेवानिवृत्ति की योजना करना – इसके लिए व्यापक द्दष्टि की ज़रूरत होती है। इसलिए इसे गरुड़-द्रष्टि कहा जाता है।

गणेश की सीख:
हिसाब या लेखांकन और धन कमाने की योजना करना महत्वपूर्ण गतिविधियाँ हैं। नियोजन के बिना लेखांकन करना मतलब दीर्घकाल के बारे में न सोचना। लेखांकन के बिना नियोजन करना मतलब कार्यान्वयन में कमी।

8

क्यों हम कर से नहीं पा सकते मुक्ति ?

सीखते हैं निष्पक्षता के बारे में शुक्र से

ब्रह्मा के पुत्र मरीचि और उनके पुत्र कश्यप की दो पत्नियाँ थीं, अदिति और दिति। अदिति के पुत्रों को देव कहा जाता है और वे आकाश में रहते है। दिति के पुत्र असुर कहलाते हैं और वे पृथ्वी के नीचे रहते हैं।

एक बार देवता भूखे थे। ब्रह्मा ने उन्हें दूध के सागर, जिसे क्षिरसागर भी कहते हैं, उसका मंथन करने को कहा। पहाड़ों के राजा मेरु मथनी बने। कछुओं के राजा अकूपरा की पीठ पर मथनी को रखा गया ताकि मंथन ठीक से हो पाए। सर्पों के राजा वासुकी मंथन की रस्सी बने।

देवों ने वासुकि के पूंछ-छोर को पकड़ा। उन्होंने अपने सौतेले भाइयों, असुरों को दूसरे छोर को पकड़ने के लिए कहा। असुर सहमत हो गए क्योंकि वे भी भूखे थे।

सागर पर सैकड़ों वर्षों तक मंथन किया गया। इस मंथन के कारण वासुकि ने विष की उल्टी की। देवताओं ने शिव जी को विष पीने का अनुरोध किया क्योंकि

केवल शिव में विष को पचाने की शक्ति थी। धीरे-धीरे क्षिरसागर का खजाना मक्खन की तरह उभरा। हर इच्छा को पूरा करने वाले, और समृद्धि लाने वाले पेड़, गाय, रत्न और घट उभर कर आए। यहीं से भोग के सारे साधन - संगीत, गायन, नृत्य, कला और मदिरा का जन्म हुआ। शक्ति प्रदान करने हेतु हाथी, घोड़े, हथियार और दवाइयां भी उभरी।

फिर अमरत्व प्रदान करने वाला अमृत आया। देवों ने पहले इसे पीया। इससे वे अमर हो गए। उन्होंने असुरों को मार डाला और मंथन से निकला सब कुछ अपने साथ ले गए और स्वर्ग की रचना की।

असुरों के सलाहकार और गुरु, शुक्र, देवों के इस व्यवहार से क्रोधित हुए। उन्हें मृतकों को पुनर्जीवित करने की संजीवनी विद्या का ज्ञान था। उन्होंने मृत असुरों को पुनः जीवित किया। उन्होंने असुरों को ब्रह्मा से वरदान प्राप्त करना सिखाया और आदेश दिया कि इन वरदानों का उपयोग कर वे अपना हिस्सा देवों से छीन कर लाएँ। हालाँकि, असुरों को केवल अपना हिस्सा लेने से संतोष नहीं था; वे भी देवों की तरह सब कुछ लेना चाहते थे।

इंद्र के नेतृत्व में देवों ने युद्ध किया। जब वे जीते, तो उन्होंने भी सब कुछ छीन लिया और असुरों को वापस पाताल में ढकेल दिया। दोनों को बांटने में विश्वास नहीं था। दोनों में यज्ञ के उद्देश्य की समझ नहीं थी।

रामायण में वानर भाई बाली और सुग्रीव ने किष्किन्धा के साम्राज्य के लिए लड़ाई की। और महाभारत में पांडव और कौरव ने कुरुक्षेत्र के लिए लड़ाई की। इन दोनों घटनाओं में किसी को दूसरे की भूख की परवाह नहीं थी। वे भी देवों और असुरों के कभी ना समाप्त होने वाले युद्ध को दोहरा रहे थे, वह युद्ध जो हकदार और वंचित में सदियों से चला आ रहा है।

कभी असुरों की जीत होती थी, और कभी वे हारते थे। न हार चिरंतर थी और ना ही जीत। शुक्र की मदद से असुर बार-बार स्वर्ग पर धावा बोलते रहे। इस प्रकार, देवों के पास समृद्धि, भोग और शक्ति के सारे साधन थे, परंतु शांति नहीं थी।

कौन तय करता हैं कि मेरा हिस्सा क्या है?

(**ध्यान दें:** देव 'देवता' नहीं हैं और असुर 'राक्षस' नहीं हैं। पुराणों में असुरों को बुरा या नैतिक रूप से गलत नहीं देखा गया है।)

असुर देवों के सौतेले भाई हैं। दोनों ब्रह्मा के वंशज हैं। दोनों मंथन से उभरी लक्ष्मी को प्राप्त करने के लिए आपस में लड़ रहे हैं। देवों का मानना है कि मंथन उनका उद्यम था इसलिए लक्ष्मी के हक़दार वे हैं। असुरों का मानना है कि वे एक उचित हिस्सेदारी के हकदार हैं। चूँकि उन्होंने मंथन में सहयोग किया, और चूँकि

झगड़े की सामग्री:

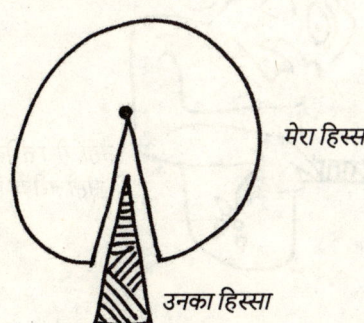

मेरा हिस्सा
उनका हिस्सा

केवल भगवान में यह ज्ञान है कि कैसे किसी संपत्ति का विभाजन (अर्थात भाग) हो ताकि सब लोग अपने हिस्से (अर्थात भाग) से संतुष्ट रहें।

वे सौतेले भाई हैं, इसलिए क्षिरसागर (अर्थात पृथ्वी) और उससे उभरे ख़ज़ाने (लक्ष्मी) पर उनका उतना ही अधिकार है जितना की देवों का।

पूंजीपति देवों का साथ देंगे: यह उनका उद्यम, उनका विचार था, इसलिए वे तय करेंगे कि उचित मूल्य या वेतन क्या है। असुरों के साथ कम्युनिस्ट हैं: यह उनका श्रम था जिसने उद्यम को सफल बनाया और इसलिए उन्हें योग्य मूल्य या वेतन मिलना चाहिए। मंथन की घटना में ऋषियों को यज्ञ की विफलता दिखाई देगी ; देवों का असुरों की भूख पर कोई सहानुभूति ना दिखाना, यह दिखाई देगा; उन्हें देवों और असुरों का मंथन को रस्साकशी और दन्द में पलटना दिखाई देगा; उन्हें दिखाई देगा कैसे दोनों भाइयों को मंथन रूपी यज्ञ में परस्पर निर्भयता और एक-दूसरे की भूख का स्वीकारना – यह नहीं दिखा।

(**ध्यान दें:** देव और देवता एक ही बात नहीं हैं। असुरों की तरह देव भी ब्रह्मा की संतान हैं। दोनों ही यज्ञ कर सकते हैं और देवता का आह्वान कर सकते हैं, और वे ऐसा करते हैं।)

रस्साकशी

मंथन

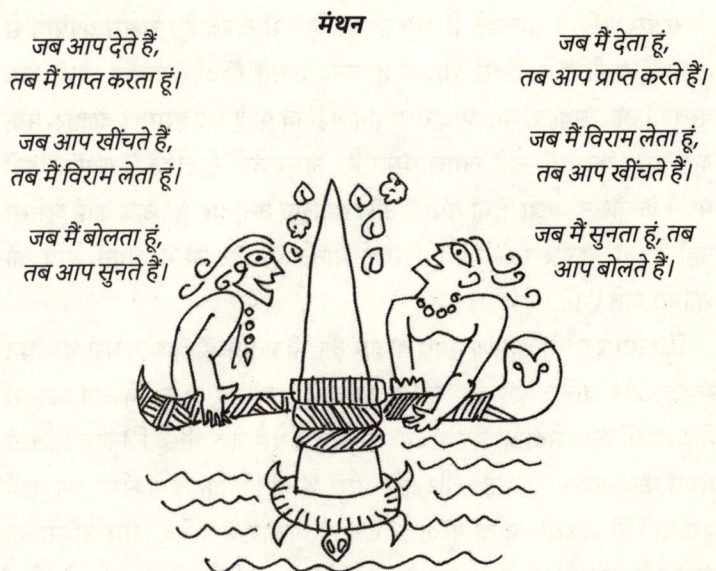

जब आप देते हैं,
तब मैं प्राप्त करता हूं।

जब मैं देता हूं,
तब आप प्राप्त करते हैं।

जब आप खींचते हैं,
तब मैं विराम लेता हूं।

जब मैं विराम लेता हूं,
तब आप खींचते हैं।

जब मैं बोलता हूं,
तब आप सुनते हैं।

जब मैं सुनता हूं, तब
आप बोलते हैं।

क्षिरसागर के मंथन के यज्ञ के दौरान, देव यजमान हैं और असुर देवता हैं। यजमान के रूप में, देवों के पास वादों के अलावा कुछ भी नहीं है। उन्होंने असुरों को आश्वस्त किया कि वे उन्हें आवश्यक सेवा देंगे। लेकिन जब श्रम का फल उभरा, तो देवों ने असुरों को हिस्सा नहीं दिया। इसलिए यज्ञ के विधि अनुसार देव असुरों के ऋण में हैं। कुछ न मिलने पर असुरों ने यज्ञ के अपने हिस्से का दावा लेने के लिए देवों पर आक्रमण किया। वे इसे न्यायानुसार उचित मानते थे। देवों ने असुरों की इस बात को नहीं माना। परिणाम – देवों और असुरों के बीच अथक युद्ध। देवों ने लेन-देन पूरा नहीं किया। यज्ञ अधूरा रहा। वे असुरों के ऋण में रहे। इसलिए उनके पास समृद्धि है लेकिन शांति नहीं।

(**नोट:** असुर और राक्षस समान नहीं हैं। क्योंकि दोनों से हमें भय लगता है इसलिए आज ज़्यादातर लोग परस्पर शब्दों का उपयोग करते हैं।)

राक्षस ऋषियों से लड़ते हैं और असुर देवों से लड़ते हैं। राक्षस ऋषियों से लड़ते हैं क्योंकि वे केवल भोजन हड़पना जानते हैं और उन्होंने अभी तक वस्तुओं और सेवाओं का आदान-प्रदान नहीं किया है। राक्षसगण बाज़ार-मंडी नहीं पसंद करते हैं, उन्हें जंगल पसंद है। असुर देवों से लड़ते हैं क्योंकि उन्हें मंथन के दौरान धोखा दिया गया है और इसलिए उन्हें यज्ञ पर अब कोई भरोसा नहीं है। वे बाज़ार-मंडी को ढकोसला मानते हैं और उसमें अपने-आप को शोषित पाते हैं।

क्षिरसागर पृथ्वी के साथ-साथ बाज़ार का भी प्रतीक है। उद्योग पशु धन, वन संपदा और खनिज धन का 'मंथन' करते हैं। ख़रीदार और विक्रेता बाज़ारों में वस्तुओं और सेवाओं का 'मंथन' करते हैं। ऐसे देव भी हैं जिनके पहल से मंथन का आरंभ होता है, और ऐसे असुर भी हैं जिनके बिना मंथन का कार्य पूरा नहीं हो सकता। न तो पृथ्वी और न ही बाज़ार-मंडी देवों और असुरों की संपत्ति है। इसलिए देवों का लक्ष्मी पर आधिपत्य नहीं है। देवों को दूसरे लोगों के साथ लक्ष्मी को साझा करना होगा। अन्यथा, हर जगह भूख होगी, और भूख के कारण युद्ध होगा।

'कर'	आप क्या भुगतान करते हैं?
व्यय पर कर (माल और सेवाएँ)	
आय पर कर	
बचत पर कर	
निवेश पर कर	
विरासत पर कर	

धर्म में, एक राजा संपन्न नागरिकों पर 'कर' लगाता है ताकि सभी नागरिकों को सुलभ सुविधाएँ मिले और जो संपन्न नहीं, उनके लिए समृद्ध होने के अवसर प्राप्त हो। अधर्म में, एक राजा अपनी ख़ुशी के लिए दूसरों

पर कर लगाता है, या अमीरों से पक्षपात करते हुए गरीबों पर कर लगाता है, या करों का उपयोग नागरिकों की भलाई के लिए नहीं करता है। देखा जाए तो कर लोगों के खर्च के लिए लोगों का पैसा है। राजा और सरकार केवल संरक्षक हैं। वे सेवा प्रदाता हैं, स्वामी या मालिक नहीं। टैक्स उनकी संपत्ति नहीं है।

कर देवों का असुरों पर ऋण है। हम करों से बच नहीं सकते। हर बार जहाँ कहीं भी आय होती है, वहाँ कर उमड़ कर आते हैं, ठीक वैसे जैसे असुर बार-बार स्वर्ग पर उमड़ के आते हैं। कोई भी करों को पसंद नहीं करता है। बड़ी अनिच्छा से उसका भुगतान करते हैं।

सार्वजनिक ख़र्च	आपके अनुसार आपका कर किन चीज़ों पर ख़र्च होता है?
वेतन और सरकार की पेंशन	
सार्वजनिक सड़कें और रेलवे	
सार्वजानिक विद्यालय	
सार्वजनिक अस्पताल	
सार्वजनिक शौचालय	
गरीबों को सब्सिडी	

हमें लगता है कि असुर हमारे धन के हिस्से के हक़दार नहीं हैं, या कम से कम जो हिस्सा वे मांगते हैं उसके हक़दार नहीं हैं। लेकिन अगर हम कर नहीं भरते, तो हमारे भाई क्या खाएंगे? यदि वे स्वयं लक्ष्मी पाने के लिए मंथन करते हैं, तो वे असुर नहीं बल्कि वे भी देव बन जाते हैं। और फिर उनपर भी कर लागू होंगे।

शुक्र की सीख:

हम करों से तब तक बच नहीं सकते जब तक हम दुनिया में अन्य लोगों के साथ रहेंगे, और जब तक हर भूखे व्यक्ति को खिलाने की क्षमता हम में नहीं रहेगी।

9

कैसे करें धन की सुरक्षा?
सीखते हैं बीमा और वसीहत के बारे में हनुमान से

लंका में राम और रावण के बीच युद्ध के दौरान लक्ष्मण बुरी तरह घायल हो गए थे और उन्हें पुनर्जीवित करने के लिए संजीवनी जड़ी बूटी की आवश्यकता थी। इसलिए हनुमान ने समुद्र के पार उड़ान भरी और संजीवनी जड़ी बूटी को उगाने वाले पर्वत को वापस ले आए और लक्ष्मण को वापस जीवित कर दिया। उनके संरक्षण और शरण में, हर कोई सुरक्षित था।

हनुमान को पता चला कि रावण ने राम का अपहरण करने के लिए पाताल के राजा महिरावण की मदद माँगी है। यह सुन, हनुमान ने अपनी शक्तिशाली पूंछ से एक अभेद्य किले का निर्माण किया और उसमें राम को रखा ताकि कोई उन तक पहुँच ही ना पाए। लेकिन वे भूल गए कि पाताल पृथ्वी के नीचे स्थित है। महिरावण ने राम तक पहुंचने के लिए ज़मीन के नीचे से एक छेद किया और राम का अपहरण कर लिया। जब हनुमान ने अपनी पूंछ को हटाया तो छेद को देखा और तुरंत उसमें गोता लगाकर

पाताल पहुँच गए। वहाँ हनुमान ने कई साहसिक कार्यों के बल पर राम को छुड़ाया और ऊपर धरती पर ले आए।

हनुमान इस बात से नाराज़ थे कि महिरावण उनकी सुरक्षा रिंग को तोड़ने में सक्षम हुआ। राम ने तब हनुमान से कहा, "क्या आप नहीं जानते कि विश्व में कुछ भी त्रुटिरहित और संपूर्ण नहीं होता है। हर चीज में कमज़ोरी होती है। प्रत्येक असुर ब्रह्मा से अमरता का वरदान पाने के लिए तपस्या करता है लेकिन वह ऐसा वरदान है जिसे कोई नहीं दे सकता। इसलिए असुर चतुर बनने की कोशिश करते हैं – लेकिन ब्रह्मा इस बात को भांप लेते हैं और असुरों को हर बार विफल होना पड़ता है। कभी कोई असुर माँगता है कि उसे कोई पुरुष ना मार सके, तो ब्रह्मा स्त्री के द्वारा वध कराते हैं; कोई माँगता है की उसे ना दिन को ना रात को मारा जा सकता हो, तो गोधूली बेला में वध किया जाता है। जीवन संकटों से भरा है, कुछ का पूर्वानुमान किया जा सकता है, कुछ ना नहीं। आप भी स्वयं को केवल अनुमानित संकटों से बचा सकते हैं। आपने धरती पर संकटों का उचित अनुमान लगाया और अपनी पूंछ का प्रयोग कर सुरक्षा की तैयारी की। आपने पाताल से भूमिगत सुरंग की कल्पना नहीं की। लेकिन आपने फिर भी पाताल में जाकर महिरावण को पराजित कर मुझे बचाया। यही तो जीवन है – हमें अनुमानित संकटों से बचना है और अचानक से आई घटनाओं के समक्ष तैयार होना है।"

जीवन में कुछ आपात स्तिथियों का अनुमान लगाना सरल है – जैसे दुर्घटना, स्वास्थ्य में गिराव; मृत्यु; आग, चोरी, डकैती और दंगों से नुक़सान। लेकिन इनकी भविष्यवाणी नहीं की जा सकती है। इसलिए इन घटनाओं के विरुद्ध बीमा करना समझदारी है।

बीमा एक अजीब यज्ञ है: यह निवेश है जो हमें केवल तभी रिटर्न देता है जब चीजें बिगड़ती हैं। इंश्योरेंस वह पैसा है जो हमारे पास से चला जाता है जब सब कुछ सामान्य होता हैं। इसका लाभ हमें केवल आपात स्तिथियों में मिलता है।

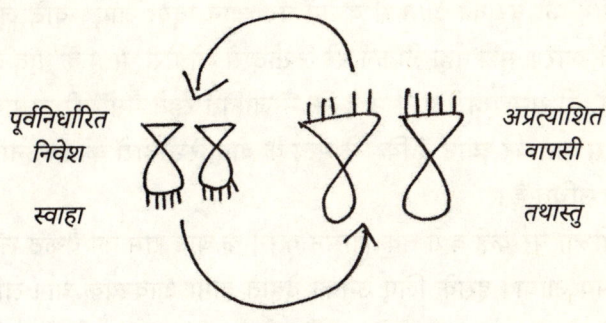

जीवन में कोई गारंटी नहीं

समझदार व्यक्ति वो है जो चीजों को ठीक-ठाक रखने पर ध्यान देता है। उदाहरण के तौर पर - यदि मेरे स्वस्थ रहने के कारण स्वास्थ्य बीमा पर पैसे जा रहे हैं और बीमार पड़ने पर उस से पैसे आ रहे हैं, तो समझदारी इसी में होगी के अपने स्वास्थ्य के ऊपर ध्यान देकर पैसों को बचाया जाए।

अनुमानित विपत्तियाँ	आप खुद की सुरक्षा कैसे करते हैं?
पति/पत्नी और बच्चों को मृत्यु से होने वाले आय में नुकसान	
वाहन की दुर्घटना पर अस्पताल में भर्ती	
घर/कार्यालय में चोरी या आग	
माता-पिता की मृत्यु के बाद संपत्ति पर बच्चों की लड़ाई	

यदि घर में आग ना लगने पर General Insurance पर से पैसे जा रहे हैं और घर के आग से नाश होने पर पैसे आ रहे हैं, तो समझदारी

इसी में है की घर को आग से बचाने पर ध्यान दिया जाए। यदि जीवन बीमा के कारण मुझे नहीं लेकिन मेरे रिश्तेदारों को मेरी मृत्यु के बाद लाभ होता है, तो समझदारी इसी में है कि मैं जीवित रहते पैसों को ना गवाऊँ और इस बात पर ध्यान दूँ कि मेरे मृत्यु के बाद रिश्तेदारों को कितना धन मिलना उचित है।

अयोध्या पर कई वर्षों तक शासन करने के बाद राम का वैकुंठ लौटने का समय आया। इसके लिए उनका देहांत होना आवश्यक था। लेकिन मृत्यु के देवता यमराज अयोध्या में प्रवेश नहीं कर सकते थे क्योंकि हनुमान किसी को बिना अनुमति अंदर आने नहीं देते थे। हनुमान को डर था कि राम के बिना अयोध्या समाप्त हो जाएगी। । तो राम ने हनुमान से पूछा, 'दुनिया में सबसे आश्चर्यजनक चीज क्या है?' हनुमान के पास कोई जवाब नहीं था।

राम ने उन्हें बताया, 'हर दिन लोग बीमार पड़ते हैं, घर जल जाते हैं और लोग मर जाते हैं, फिर भी जो स्वस्थ हैं वे कभी नहीं सोचते

बीमा:

अगर जहाज़ लौटता है,
तो पैसा मेरा है।

अगर घर सुरक्षित है,
तो पैसा मेरा है।

यदि आप स्वस्थ हैं,
तो पैसा मेरा है।

कोई दुर्घटना न हो,
पैसा मेरा है।

जब तुम जीवित हो,
धन मेरा है।

अगर जहाज़ डूबता है,
तो पैसा आपका है।

अगर घर में आग लग जाए,
तो पैसा आपका है।

अगर आप बीमार हैं,
तो पैसा आपका है।

अगर हादसा होता है,
तो पैसा आपका है।

आप की मृत्यु हुई,
तो पैसा आपके परिवार
का है

कि वे बीमार पड़ेंगे, निवासियों को कभी नहीं लगता कि उनके घरों में आग लग जाएगी, और जीवित लोग यह मानने से इनकार कर देते हैं कि वे मर जाएंगे। जिस दिन मैं पैदा हुआ था मुझे पता था कि मैं मर जाऊंगा। मैं दुर्घटनाओं, आपदाओं और आपात स्थितियों के लिए तैयार था। जब मुझे वन में निर्वासित किया गया था तब मेरे भाई ने अयोध्या का दायित्व लिया। जब मैं वैकुंठ के लिए निकलने वाला हूं तो मेरे पुत्र अयोध्या का दायित्व लेंगे। मेरे पिता की इच्छा सभी को पता थी और इसलिए हम भाइयों ने असुरों की भाँति देवों से लड़ाई नहीं की थी। मेरी इच्छा भी सभी को पता है, इसलिए मेरे पुत्र असुरों की तरह नहीं लड़ेंगे।'

हनुमान ने अपना सबक सीखा और यम को अयोध्या में प्रवेश करने की अनुमति दी।

लेकिन कई लोगों को लगता है कि अगर वे मृत्यु और दुर्भाग्य के बारे में सोचेंगे तो वे मौत और दुर्भाग्य को बुलावा देंगे। वे दुर्घटनाओं, आपात स्थितियों, आपदाओं और मृत्यु पर चर्चा करने से बचते हैं। इसलिए वे बीमा के बारे में बात नहीं करते। और वे जीवित रहते हुए कभी भी अपनी वसीहत के बारे में बात नहीं करते हैं। वे जीवित रहने में और धन जुटाने में अपने आप को व्यस्त रखते हैं यह सोचकर कि इससे किसी तरह दुर्भाग्य या मृत्यु

जब आप जीवित हों तो अपनी वसीहत तैयार करें।

मृत व्यक्ति अपनी वसीहत जीवित लोगों तक नहीं पहुँचा सकता

टल जाएगी। जब दुर्घटनाएं हो जाती हैं, तब वे खेद प्रकट करते हैं कि काश बीमा किया होता! जब संतान संपत्ति को लेकर लड़ते हैं, तो वे माता-पिता को वसीयत न बनाने के लिए दोषी ठहराते हैं। लेकिन तब तक बहुत देर हो चुकी होती है।

अतीत को समझना हमें भविष्य के बारे में यथार्थवादी बनाता है। इसे साम-चित्त भाव/ equanimity कहते हैं। यह सोच हमें नियमित रूप से बीमा खरीदवाता है; हमें वसीहत लिखना और समय-समय पर उसका संशोधन करना सिखाता है।

हनुमान की सीख

जब हम जीवित होते हैं, तब हम ख़ुद को और अपने धन को अनुमानित और अप्रत्याशित जोखिमों के विरुद्ध बीमा द्वारा रक्षा प्रदान करते हैं। पर मर जाने के पश्चात हम अपने धन की रक्षा तभी कर सकते हैं अगर हमने जीवनकाल में एक स्पष्ट वसीहत तैयार की हो।

10

कैसे करें धन को आकर्षित ?

सीखते हैं रेफेरल्स और रिपीट ऑर्डर्स के बारे में विष्णु से

हनुमान एक लोकप्रिय देवता हैं क्योंकि वे संकटमोचन हैं जो समस्याओं का समाधान करते हैं। गणेश एक लोकप्रिय देवता हैं क्योंकि वे विघ्नहर्ता हैं, जो बाधायों को निकालते हैं। भारत में हजारों मंदिर हैं: हर शहर के हर कोने में, घरों में, सड़कों पर, स्टेशनों के बगल में, बाज़ार में। लेकिन कुछ मंदिर दूसरों की तुलना में अधिक लोकप्रिय हैं, भले ही वे दूर पहाड़ों में स्थित हों। ये मंदिर लोकप्रिय हैं क्योंकि वहां जाने वाले लोगों का मानना है कि ये इच्छा-पूर्ति मंदिर हैं।

आंध्र प्रदेश में तिरुपति बालाजी मंदिर, ओडिशा में जगन्नाथ पुरी और राजस्थान में नाथद्वारा मंदिर बहुत प्रचलित और सफल हैं। ये सारे विष्णु मंदिर हैं। विष्णु और इंद्र दोनों देवता हैं लेकिन विष्णु के बहुत मंदिर हैं परंतु इंद्र के नहीं के बराबर। बात यह है कि विष्णु पाने के बजाय देने पर अधिक ध्यान देते

हैं, जिसके विपरीत इंद्र देने के बजाय पाने पर ध्यान देते हैं। इसलिए इंद्र से अधिक विष्णु के मंदिर हैं। इंद्र स्वर्ग के आधिपत्य के लिए सदा लड़ाई में जुटे रहते हैं। वहीं विष्णु अपने चाहनेवालों को प्रसन्न करने के लिए लगातार लीला प्रस्तुत करते रहते हैं। अर्थात, इंद्र रण-भूमि में लड़ते रहते हैं, जबकि विष्णु रंग-भूमि के मंच पर लोगों को मंत्र-मुग्ध करते रहते हैं।

जब हमें कोई प्रस्तुति अच्छी लगती है तो उसे हम बार-बार देखने जाते हैं। ठीक इसी तरह हम बार-बार इच्छा-पूर्ति मंदिरों में जाते हैं। हम वहां कभी खाली हाथ नहीं जाते। हम हमेशा उपहार लेकर जाते हैं - फूल, फल, दिया-बाती, पताका, धूप-चंदन, कपड़े; यहां तक की संगीत और नृत्य भी। यदि कोई मंदिर हमें मानसिक शांति देता है, तो हम बार-बार वहां जाते हैं। इसे Repeat Order कहा जाता है।

दुनिया में कोई भी व्यवसाय तब सफल होता है जब उसे Repeat Order मिलते हैं। मान लीजिए कि एक दुकान है, जो आपकी इच्छा के अनुसार सभी चीजें बेचती है। आप पहली बार दुकान गए थे क्योंकि आप कीवी-फ्रूट या ड्रैगन-फ्रूट जैसे दुर्लभ फल खरीदना चाहते हैं। दुकानदार आपको कीवी-फ्रूट और ड्रैगन-फ्रूट देता है। उन्ही फलों को ख़रीदने के लिए अगली बार भी आप उसी दुकान पर जाएंगे। वास्तव में, जब आप दुकान पर बार-बार वापस जाते हैं, तो दुकानदार आपसे इतना बिज़नेस पाकर ख़ुशी-ख़ुशी आपको discount भी देता है। इससे आप दुकान को और भी अधिक पसंद करते हैं। वह पैसा कमाता है और आपकी इच्छाएं पूरी होती हैं। आप बार-बार जाते रहते हैं। यह Repeat Order है।

मित्र के लिए भी यही बात लागू होती है। आप एक नया दोस्त तभी बनाते हैं या आप एक दोस्त के पास पुनः तभी जाते हैं जब वो आपकी इच्छाओं को पूरा करता है। कुछ बात करने में मज़ेदार होते हैं, कुछ आपको अच्छी सलाह देते हैं या आपका समर्थन करते हैं। कुछ वो होते हैं जिनके पास जाकर आपका मन खिल उठता है और सारी चिंताएं दूर हो जाती हैं। ऐसे सब लोगों को हम बार-

बार मिलने जाते हैं, उन्हें एक तरह से Repeat Order देते हैं।

जब मैं बार-बार संतुष्ट होता हूं तो मैं अन्य लोगों को भी इन मंदिरों के बारे में बताता हूं: मेरे चाचा और चाची, मेरे दोस्त, मेरे भतीजी-भतीजे, मेरे पार्ट्नर और मेरे बच्चे को। इसे Referral कहा जाता है। ठीक वैसे जैसे आप अपने दुकानदार और अपने दोस्तों को अपने परिवार और दूसरे दोस्तों से मिलवाते हैं। आपके मित्रगण फिर अधिक लोगों को रेफरल देते हैं। यह एक श्रृंखला बन जाती है। इस प्रकार, अधिक Referral मतलब अधिक Orders और अधिक सफलता। एक छोटे से शहर में उस छोटी सी दुकान के बारे में सोचिए जो उत्तम स्वादिष्ट चाट बनाती है, और जिसे हर कोई पसंद करता है। लोग बार-बार वहां जाते हैं। वे वहां दोस्तों को ले जाते हैं। फिर दोस्त बार-बार जाते हैं और अन्य दोस्तों को बताते हैं। इस प्रकार छोटे शहर में छोटी दुकान प्रसिद्ध हो जाती है, और बिना किसी मार्केटिंग या विज्ञापन के बहुत पैसा कमाती है।

आपका माल या सेवा प्रदाता	**इनसे आपने एक से अधिक बार ऑर्डर किया है**	**इनकी आपने दूसरों से सिफारिश की है**

हिंदू मंदिरों के बारे में अनोखी बात यह है कि वे स्वेच्छापूर्ण है, कोई आपको वहाँ जाने के लिए बाध्य नहीं कर सकता। यदि आप ईसाई हैं तो कम से कम रविवार को एक चर्च में जाने के लिए बाध्य किया जा सकता है; एक मुसलमान होने के नाते आप नमाज़ पढ़ने के लिए बाध्य हैं जिसके लिए कम से कम शुक्रवार (जुम्मे के दिन) को आपको मस्जिद जाना पड़ता है। लेकिन हिंदू धर्म में ऐसा कोई नियम नहीं हैं। आप जब चाहें, कारण-अकारण मंदिर जा सकते हैं। अधिकतम लोग तब मंदिर जाते हैं जब उन्हें कुछ मिलने की उम्मीद होती है – वह संतान हो, या प्रमोशन हो, या कोई दैविक ऊर्जा हो, या केवल भगवान के दर्शन हो। आमतौर पर किसी भी हिंदू मंदिर में जाना पूर्णतः स्वैच्छिक है। दूसरे शब्दों में, यह एक मुक्त बाज़ार जैसा है, जहाँ कोई दायित्व थोपा नहीं जाता है, और ना ही कोई किसी बात के लिए मजबूर कर सकता हैं। इससे यह सीख मिलती है कि किसी बात को, सर्विस को, या किसी वस्तु को स्वेच्छा से अपनाने पर उसका सही मूल्यांकन होता है। कई कंपनियां ग्राहकों को चालाकी से फँसा कर उनसे नए Order और रेफ़रल देने पर मजबूर करती हैं। लेकिन, जैसे ही एक नया देवता मार्केट में आता है तो ग्राहक पुराने देवता को तुरंत भुला देते हैं।

यह एक चीज़ है जिसे मैंने हिंदू देवताओं से सीखा है: सफल होने के लिए और जीवन में पैसा बनाने के लिए, चाहे आप कोई भी सामान या सेवाएं प्रदान कर रहे हो, आपको अपने ग्राहकों को प्रसन्न करना अनिवार्य है। ऐसा आपको एक बार नहीं, लगातार करते रहना है ताकि आपको ग्राहकों से Repeat Orders और referrals मिलते रहे, और नए ग्राहक मिलते रहे। सफल मंदिर वो हैं जहाँ लोग स्वेच्छा से आते हैं। जब मैं यजमान को प्रसन्न करता हूं, तो यजमान मुझे बार-बार अपने यज्ञ में बुलाते हैं। वह दूसरों को भी ऐसा करने के लिए कहते हैं। मैं जितना अधिक 'तथास्तु' दूँगा, मैं उतना ही अधिक लोकप्रिय बनूँगा और मुझे उतने ही अधिक 'स्वाहा'

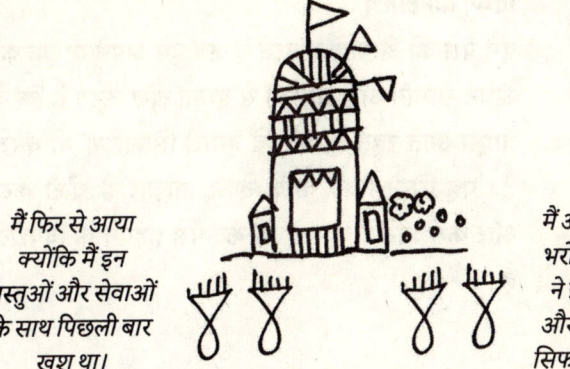

मैं फिर से आया क्योंकि मैं इन वस्तुओं और सेवाओं के साथ पिछली बार ख़ुश था।

मैं आया क्योंकि भरोसेमंद लोगों ने इन वस्तुओं और सेवाओं की सिफारिश की थी।

की प्राप्ति होगी। ग्राहकों को रंग-भूमि में आकर वस्तुओं और सेवाओं की ख़रीद करने में आनंद आता है, प्रसन्नता होती है। रण-भूमि में जाकर ऐसा करना उनके लिए तनावपूर्ण होता है।

ऐसे कारणों की सूची बनाएं जिसके लिए लोग आपको ढूंढते हैं	यदि उनके पास कोई और विकल्प होता, तो क्या आप अभी भी demand में होते ?	क्या इससे आपको पैसा मिल सकता है?

विष्णु की सीख

हम पैसे को आकर्षित करते हैं जब हम अपने ग्राहक को अपने सामान और सेवाओं से इतना ख़ुश करते हैं कि वे वापस आते रहते हैं, और वे हमारी सिफ़ारिश भी करते हैं। यह सिस्टम को धोखा देकर, बाज़ार से चोरी कर, और कर्मचारियों का शोषण कर पैसे हड़पने के विपरीत है।

11

कैसे धन को बाँटा जाए ?
सीखते हैं दान के बारे में वरुण से

मनु, जो पृथ्वी के पहले मानव माने जाते हैं, उनके पास एक छोटी मछली आई, और बड़ी मछलियां जो उसे खाना चाहती थी, उनसे बचाने की विनती की। मनु ने मछली को पानी के बर्तन में रखा। अगले दिन मछली आकार में बढ़ गई। तो मनु ने उसे एक बड़े बर्तन में डाल दिया। मछली बढ़ती रही, और मनु उसे बड़े और बड़े बर्तन देते रहे। मछली बढ़ती रही तो उसे तालाब, झील, नदी और अंत में वापस समुद्र में डालना पड़ा। मनु ने सोचा कि मछली को पर्याप्त भोजन मिलने के लिए समुद्र को बड़ा होना पड़ेगा। और ठीक ऐसा ही हुआ – बारिश होती रही और समुद्र बढ़ता रहा और ज़मीन को निगलता रहा।

मनु के पास जाने की कोई जगह नहीं रही तो उसने ख़ुद को डूबने से बचाने के लिए एक नाँव बनायी। फिर अचानक उसने देखा कि एक विशालकाय मछली उसके तरफ़ आ रही है। इस मछली ने मनु की नाँव को दुनिया की सबसे ऊँची

चोटी, मेरु पर पहुँचाया। मनु सुरक्षित हुआ।

इस कहानी ने मुझे बताया कि हम सभी की भूख को संतुष्ट नहीं कर सकते क्योंकि मानव जाती की भूख अतृप्त और असीम है। जानवर भूख लगने पर खाते हैं और जब भूखे नहीं होते वे नहीं खाते हैं। इसके विपरीत इंसान हर समय भूखा रहता है क्योंकि वह भविष्य में भूखे होने की कल्पना कर सकता हैं। साथ ही, समाज हमें असंतुष्ट होने की और, और अधिक वस्तुओं की माँग करने के लिए प्रोत्साहित करता है। महत्वाकांक्षी होना सगुण है ऐसा हमें सिखाया जाता है। हालाँकि अधिकतर समय महत्वाकांक्षा लालच का ही एक पर्याय दिखाई देती है। इस मछली की तरह, हम और खाना, और अधिक खाना माँगते हैं। और जब मनु जैसा व्यक्ति हमारी भूख मिटाता है तो हमें क्या आवश्यकता है अपने-आप खाना जुटाने की? भोजन दिया जाना ये भोजन हड़पने या ढूँढने या कमाने की तुलना में अधिक आसान है। कब भोजन देना बंद करना है, इसका एहसास मनु को करना होगा। मनु को मछली को स्वतंत्र होने में मदद करना आवश्यक है। ऐसा करना सच्चा दान है।

समुद्र के देवता वरुण अपनी दानशीलता के लिए प्रसिद्ध हैं। वह अपनी बेटी लक्ष्मी को हर किसी की प्यास बुझाने के लिए ताज़े पानी की बारिश के रूप में दुनिया को देते हैं। चूँकि समुद्र बदले में कुछ नहीं माँगता, हम कभी नहीं सोचते कि हम समुद्र के ऋण में हैं। हम चाहे जितना भी पानी का इस्तेमाल करें, समुद्र आकार में सिकुड़ता नहीं और सूखता नहीं है। और ना ही वह भरकर ज़मीन को डुबा देता है। हालाँकि विश्व की सारी नदियाँ समुद्र में ही अपना पानी उँडेलती है।

वरुण संतुष्ट हैं – वह न तो बारिश के कारण दुःखी, और न ही नदियों के कारण प्रफुल्लित होते हैं। वरुण की दानभावना एक आदान-प्रदान का हिस्सा है: वह जानते हैं कि वे बारिश के रूप में जो देते हैं वह अंततः नदियों के रूप में वापस मिल जाता है। वह उन लोगों को खिलाते हैं जो अंततः ख़ुद को और

दूसरों को खिलाना सिखाते हैं। अंततः सब वरुण के पास ही आता है। किसी को बिना कुछ लिए, देना, यह आदान-प्रदान का ऐसा रूप है जिसे 'दान' कहते है। दान से लोग स्वावलंबी और भरोसेमंद बनते है।

न तो देवता और न ही असुर दान का पालन करते हैं।

देवता दक्षिणा देते हैं: वे उन्हें खिलाते हैं जिन्होंने उन्हें खिलाया है। अर्थात देवता आदान-प्रदान पसंद करते हैं दान के बदले। वे दूसरे लोगों की भूख को तभी महत्व देते हैं जब वे स्वयं तृप्त होते हैं। उन्हें ऋण में फंसना या दूसरों को ऋण में फंसाना पसंद नहीं है। वे उन पर निर्भर हैं जो उन पर निर्भर हैं। इस प्रकार देवों के व्यवहार में पारस्परिकता और अंतर-निर्भरता है।

असुर भिक्षा देते हैं: वे बदले में बिना कुछ मांगे भोजन देते हैं। वे आदान-प्रदान की जगह पर दान और लोक-कल्याण पसंद करते हैं। असुर भूखे लोगों को आश्रित और ऋणी बना देते हैं।

बली नामक असुर यज्ञ को नहीं मानते थे क्योंकि उन्होंने देखा था कि कैसे देवों ने समुद्र मंथन के दौरान छल से असुरों को उनके हिस्से का अमृत नहीं दिया। इसलिए बली ने सब कुछ देवों से जबरन लेने का फैसला किया। उन्होंने स्वर्ग पर हमला किया, इंद्र को बाहर निकाल दिया, और लक्ष्मी को अपने पास रख लिया। फलस्वरूप हर वह व्यक्ति जिसपर ऋण था या जिसे धन कमाने की इच्छा थी, उसका बली के पास आना अनिवार्य था क्योंकि विश्व का सारा धन बली के पास था। बली ने खुलकर धन दिया। पृथ्वी के ऊपर (स्वर्ग) और नीचे (पाताल) के स्थानों के शासक के रूप में उसने घोषणा की कि वह सभी की इच्छाओं को पूरा करेगा। जो कोई भी उनके पास आता था खाली हाथ ना जाता था। सभी लोग उसके शासन से ख़ुश थे। धीरे-धीरे सभी लोग इंद्र को भूल गए।

इंद्र के एक भाई विष्णु थे। यह वही थे जिन्होंने अत्यधिक दान के खतरों के बारे में मनु को सिखाने के लिए एक मछली का रूप लिया था। विष्णु ने बली को सबक सिखाने के लिए एक बौने या वामन का रूप लिया।

वे बली के पास गए और उससे तीन कदम भूमि मांगी, मतलब तीन क़दम लेने जितना ज़मीन। वामन के आकार को देखते हुए, बली ने सोचा कि यह बहुत कम भूमि होगी। सुनिश्चित होने के लिए बली ने वामन से पूछा, 'क्या आप निश्चित हैं आपको अधिक नहीं चाहिए?'। वामन ने कहा नहीं। वामन ने भी जाँच की, 'यदि आप मुझे भूमि देंगे तो क्या मैं आपके ऋण में रहूँगा?' बली ने कहा कि नहीं, क्योंकि वह दान में विश्वास करता था, लेन-देन में नहीं।

जैसे ही बली ने उन्हें भूमि के तीन कदम दिए, वामन ने एक विशालकाय रूप धारण किया; पहले कदम पृथ्वी पर और दूसरे कदम को स्वर्ग पर रखा और पूछा, 'अब तीसरा कदम कहाँ रखूँ? लेकिन उत्तर देने से पहले, आप पहले ये कहानी सुनो।'

वामन ने बली को यह कहानी सुनाई: एक दिन धन के देवता कुबेर, शिव से मिलने के लिए कैलाश पर्वत पर आए और देखा कि वहां कोई भोजन नहीं है। उन्होंने शिव के पुत्र, लंबोदर गणेश को देखा, और सोचा कि बेचारा गणेश भूखा होगा, तो भोजन के लिए आमंत्रित किया। गणेश ने निमंत्रण स्वीकार किया, कुबेर के घर गए और भोजन आरंभ किया। गणेश खाते रहे, और इतना खाया कि कुबेर का भंडार खाली हो गया। बेचारे कुबेर ने गणेश को रुकने की विनती की। गणेश ने रुककर कुबेर से कहा कि मानव की भूख अतृप्त होती है। जितना अधिक भोजन मनुष्यों को मिलता है उतना ही वे अधिक असुरक्षा अनुभव करते हैं, और वह भविष्य के भोजन को भी संचय कर, जमा कर रखते हैं। आवश्यकता और अपेक्षा लालच का रूप धारण कर लेती है। लेकिन वे लालच को महत्वाकांक्षा का नाम देकर अपने आप को भ्रम में रखते हैं। कोई व्यक्ति सभी लोगों की भूख नहीं मिटा सकता। इसलिए आवश्यक है कि वह जो खिलाता है, वह ख़ुद खिलाए जाने की मांग करें।

इस कहानी का औचित्य अब बली को समझ आया। । छोटी सी भूख अब

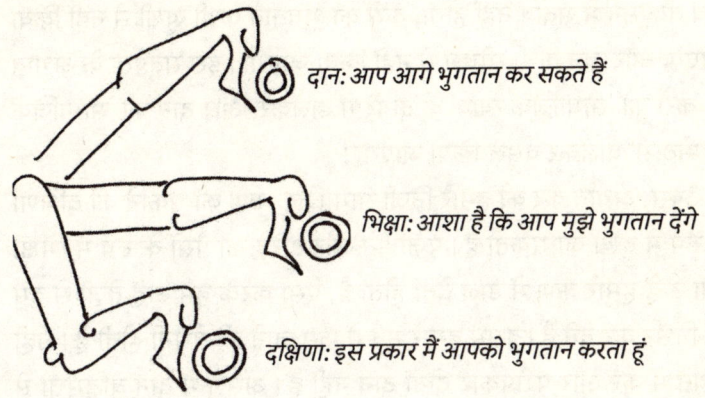

दान: आप आगे भुगतान कर सकते हैं

भिक्षा: आशा है कि आप मुझे भुगतान देंगे

दक्षिणा: इस प्रकार मैं आपको भुगतान करता हूं

विशाल भूख में परिवर्तित हो गयी है और अभी तो तीसरा कदम भी भरना शेष है! बली को समझ में आया कि कोई भी अन्य लोगों की भूख को संतुष्ट नहीं कर सकता है। खाद्य कितना भी होने दो, पर वो भूख से अधिक नहीं हो सकता। विडंबना तो यह भी है कि जितना खाद्य का उत्पादन बढ़ता है, भूख भी उतनी ही बढ़ती है। अर्थात केवल खाद्य उत्पादन या उपलब्ध कराना पर्याप्त नहीं है। भूख को जीतना या पीछे छोड़ना भी होता है। बली को सब समझ आया। बड़ी नम्रता से उसने उसने सर झुकाया और वामन रूपी विष्णु से अनुरोध किया, 'मेरे सर पर अपना तीसरा कदम रखिए।'

वामन प्रसन्न हुए। 'आप दान में विश्वास करते हैं। मैं यज्ञ में, लेन-देन में विश्वास करता हूं। आपने मुझे तीनों लोक और स्वयं को दिया हैं। मैं आपका ऋणी हूँ। इस ऋण का शोध मैं आपका द्वारपाल बन कर चुकाऊँगा। जो भी आपको मिलने आएगा उनको मैं याद दिलाऊँगा कि बिना कुछ दिए वे कुछ पाने की आशा नहीं कर सकते, और अगर ऐसा वे तब भी करते हैं, तो वे सब आपके ऋण में होंगे।'

जब तक हम भूखे हैं, हम दूसरों को खाना खिलाना नहीं पसंद करेंगे। यही कारण है कि लोग करों से नफ़रत करते हैं और दान देने से कतराते हैं।

जब तक मन में संतोष नहीं होगा, करों का भुगतान कभी ख़ुशी से नहीं किया जाएगा और दान कभी स्वेच्छा से नहीं किया जाएगा। इस संतुष्टता के अभाव में, करों को 'सामाजिक न्याय' के दायरे में डालकर, और दान को 'सामाजिक ज़िम्मेदारी' बोलकर वसूल किया जाएगा।

टैक्स, अर्थात कर को हमारे निजी सामाजिक ऋण को चुकाने की दक्षिणा के रूप में देखा जा सकता है। पूंजीहीन और दरिद्र को पैसों के रूप में भिक्षा देना उन्हें हमारे ऋण में डाल देना होता है, ऐसा करके हम उन्हें तेज़ी से हम पर निर्भर कर देते है। इससे हमारे मन में फँस जाने की बेचैनी होती है। सही मायने में कर और परोपकार दोनों दान नहीं है। असल में दान बुद्धिमत्ता से भरा दीर्घकालिक निवेश है जिससे कोई जल्द आने वाले लाभ की अपेक्षा नहीं रखता। दान इस विश्वास के साथ किया जाता है कि यह कुछ लोगों को सक्षम बनाएगा, ताकि समय आने पर वे भी कई अन्य लोगों का उत्थान कर सकें। अर्थात, दान से पहले अपने आप का उद्धार होता है, जिसके फलस्वरूप दूसरों का भी उद्धार होता है। दान में हमारा पैसा अंततः अलग-

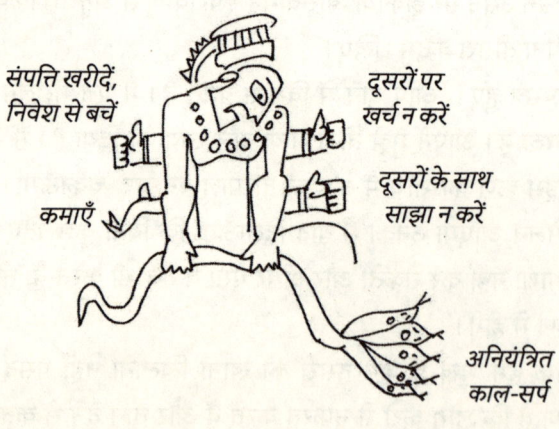

अनिश्चित इंद्र

कैसे बने धनवान

अलग स्रोतों से हमारे पास लौटता है। यह एक शांतिपूर्ण, समृद्ध और सभ्य दुनिया की ओर इंगित करता है। ठीक जैसे पानी समुद्र में से बारिश के रूप में चला जाता है और नदियों के रूप में समुद्र में लौटता है।

वामन ने बली को इंद्रद्युम्न की कहानी सुनाकर भिक्षा और दान का अंतर समझाया। इंद्रद्युम्न ने अपने जीवनकाल में कई गायों का दान किया था। परिणामस्वरूप उन्होंने बहुत सारा पुण्य अर्जित किया और इसलिए स्वर्ग में एक स्थान प्राप्त किया। वहां वे सैकड़ों वर्षों तक इंद्र के साथ विलासिता में रहे। फिर एक दिन इंद्र ने इंद्रद्युम्न से कहा कि उन्हें स्वर्ग छोड़ना पड़ेगा क्योंकि पृथ्वी पर उन्हें गायों का दान करने वाले के रूप में अब याद नहीं किया जाता। । आश्चर्यचकित इंद्रद्युम्न धरती पर आए तो उन्हें एहसास हुआ कि यह सच है: चूँकि स्वर्ग में समय धीरे-धीरे बीतता है, इसलिए स्वर्ग के इन सैकड़ों वर्षों के अंतर्काल में पृथ्वी पर हजारों साल बीत चुके थे। किसी को इंद्रद्युम्न की याद या उनके दान की याद नहीं थी। 'जैसे ही आपके पुण्य की बात लोग भूल जाते हैं, आप स्वर्ग में अपना स्थान खो देते हैं,' इंद्र ने कहा। 'यदि आप यहां अधिक

धीर-स्थिर विष्णु

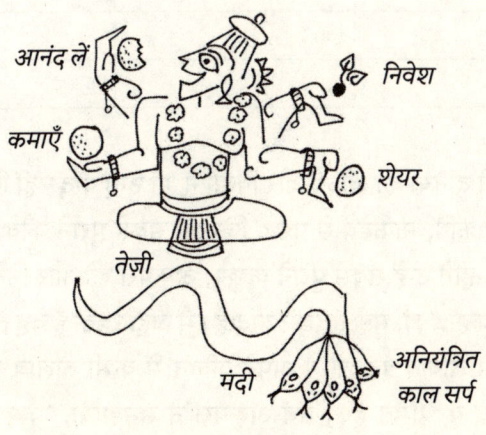

समय तक रहना चाहते हैं, तो कोई ऐसा व्यक्ति खोजें जो आपके धर्मार्थ को याद रखता हो।'

दक्षिणा: आपके जीवन में आपके द्वारा किए गए भुगतानों की सूची बनाएं जो आपने कृतज्ञता और दायित्व की भावना से किए हैं सभी वस्तुओं और सेवाओं के लिए।	भिक्षा: जीवन में आध्यात्मिक पुण्य के अलावा और किसी अपेक्षा बिना आपके द्वारा किए गए सभी दान और कल्याणकारी कार्यों को सूचीबद्ध करें।	दान: उन सभी गतिविधियों को सूचीबद्ध करें जो आप अन्य लोगों को निर्भर करने के बजाय स्वतंत्र और भरोसेमंद बनाने के लिए करते हैं।

इंद्रद्युम्न ने दुनिया को खोजा और किसी ने भी उन्हें याद नहीं किया। उन्होंने सबसे पुराने ऋषि, मार्कंडेय से पूछा, जिन्होंने सबसे पुराने कौवे काकभूषण्डी से पूछा, जिन्होंने उन्हें सबसे पुराने कछुए, अकूपरा की ओर निर्देशित किया। अकूपरा ने कहा, 'हां, मुझे इंद्रद्युम्न याद है। मैं जहाँ रहता हूँ वह तालाब उन्होंने बनाया था'। लेकिन इंद्रद्युम्न ने अपने जीवन में कभी तालाब नहीं बनवाया था। इसलिए वे भ्रमित हुए। तब अकूपरा ने समझाया, 'जब आपने गायों

का दान किया, तो गोशाला से निकलते और लौटते समय गोधूली होती थी। आपने इतने गायों का दान किया कि उससे निर्मित गोधूली से धरती पर बड़ा सा गड्ढा बन गया। सावन के समय इसमें पानी भर गया और पेड़, पौधे और जानवर रहने लगे – कितने ही मछली, मेंढक, बतख़, साँप और कछुए रहने लगे। मैं ऐसे ही एक कछुए का पोता हूं। और हम अपने-आप को इंद्रद्युम्न-के-तालाब का कछुआ कहते हैं।'

इंद्रद्युम्न ने इंद्र को इस बारे में बताया कि तालाब में कछुए ने उन्हें ऐसे अच्छे काम के लिए याद किया जिसके बारे में वे पूर्णतः अज्ञात थे। इंद्र ने मुस्कुराकर कहा कि इंद्रद्युम्न तब तक स्वर्ग में रह सकते हैं जब तक कछुओं को यह बात याद रहे।

कहानी सुनकर बली को ज्ञात हुआ कि कैसे भिक्षा एक स्वैच्छिक लेकिन आत्म-सचेत और परिणाम-स्वरूप दान है। यहाँ 'तथास्तु' का ध्यान प्रसिद्धि और विरासत को बनाए रखने में है। हम सब चाहते हैं कि हमारे नाम स्कूलों और अस्पतालों की दीवारों पर लिखे जाएँ। वे सीमित समय के लिए हमें प्रसिद्धि प्रदान करते हैं। इसके विपरीत, सही मायनों में दान वैराग्य से उत्पन्न उदारता है, जो आत्म-चेतना बिना किया जाता है, और किसी भी परिणाम या मान्यता को जाने या मांगे बिना किया जाता है – इसका ध्यान केवल 'स्वाहा' पर केंद्रित रहता है।

देवदत्त पट्टनायक

वरुण की सीख

हम अपने बिलों का भुगतान कर के, अपने ऋणों को चुकाकर, और करों का भुगतान कर के धन सांझा कर सकते हैं। ज़्यादातर बार बड़ी अनिच्छा से हम धन को साझा करते हैं। कभी-कभी हम उम्मीदों और शर्तों के साथ धन साझा करते हैं, या दुनिया को बदलने की उम्मीद करते हैं, या इसलिए करते हैं कि हमारा नाम रोशन हो जाए दुनिया में। लेकिन धन का सच्चे रूप से साझा करने का मतलब बिना रिटर्न की चिंता किए किसी को पैसा देना है, ठीक वैसे जैसे अपनी भूख की चिंता किए बग़ैर किसी भूखे को खिलाना होता है।

12

कैसे बढ़ाएँ हम धन को ?
सीखते हैं ऋण और इक्विटी के बारे में शकंबरी से

स्वर्ग को स्वर्ग क्यों कहते हैं? क्योंकि वहाँ कल्पवृक्ष हैं जिसके नीचे खड़े होकर आप जो मांगे वह मिल जाता है। क्योंकि वहाँ कामधेनु गायें हैं जो आपकी हर इच्छा पूरा करती हैं। क्योंकि वहाँ के कंकर और पत्थर जो चिंतामणि कहलाते हैं, आपको मनचाही वस्तुएं देते हैं। स्वर्ग में हर एक मटका, गमला और हांडी धन-धान्य से भरा अक्षय पात्र है। आप चाहे जितना उस में से निकाल लें, वह भरा ही रहता है। आजकल के संदर्भ में देखें तो मान ले कि सवर्ग एक एटीएम हैं जहां से आपने पांच हज़ार रूपया निकाल तो लिया मगर वह फिर उस मशीन में आ गया। इसके लिए ना ही आपको काम करने की ज़रूरत है, और ना ही ख़र्च करने पर पाबंदी लगानी है।

सामान और सेवाएं प्रदान करने पर हमें आमदनी मिलती है। आमदनी को नियमित बनाने के लिए हमें यह सुनिश्चित करना होता है कि हम प्रतिस्पर्धा से ऊपर रहें, हमेशा मांग में रहें, प्रासंगिक और विश्वसनीय रहें, और लोग हमें

मूल्यवान समझें। ऐसा यदि किया जाए तो निश्चित ही Repeat Orders और referrals मिलेंगे। जब हमारे पास ऐसी नियमित आय होती है तब हम अपने स्वर्ग के इंद्र बन जाते हैं।

लेकिन स्वर्ग में केवल लाभ है, शुभ-लाभ नहीं। जब सुख, शांति और लाभ हो तब उसे शुभ-लाभ कहते हैं। स्वर्ग में सुख-शांति नहीं है क्योंकि उसके आस-पास भूख है - असुरों की भूख (जो मानते हैं कि आप उनके ऋणी हैं), राक्षसों की भूख (जो लेन-देन नहीं जानते) और पिशाचों की भूख (जो खाते हैं लेकिन खिला नहीं सकते)। स्वर्ग में जीवन तनाव से भरा युद्ध क्षेत्र है जिसको सुरक्षित करने के लिए इंद्र को सदा लड़ते रहना पड़ता है। वह हमेशा हारने से डरता है और इसलिए इंद्र का सिंहासन डगमगाता रहता है।

मेरे पास इतना है। फिर भी मैं असुरक्षित क्यों हूं?

लाभ: बिना आनंदित हुए लाभ

मेरे पास ख़ुद को खिलाने, दूसरों को खिलाने, और दूसरों द्वारा और लोगों को खिलाने का साधन है।

शुभ-लाभ: आनंदित भी और लाभ भी

शांति के साथ लाभ पैदा करने के लिए, हमें विष्णु से सीखना होगा, जिनका स्वर्ग वैकुंठ है। इंद्र, जो केवल अपनी भूख के बारे में सोचते हैं, उसके ठीक विपरीत, विष्णु असुरों समेत सभी प्राणियों की भूख के बारे में सोचते हैं। विष्णु को वैकुंठ से बाहर बसे लोगों का भय नहीं है, बल्कि वे उनके उद्धार में जुटे रहते हैं। वे हर किसी को अपने परिवार का सदस्य मानते हैं और उनका पालन-पोषण कर अपने पैरों पर खड़ा करते हैं, ताकि वे भी और लोगों का पोषण करने में सक्षम हो। जीवन के इस दर्शन को वसुधैव कुटुम्बकम कहते है। कुछ रिश्तेदार उदार होते हैं, कुछ कुटिल, लेकिन विष्णु सबका उद्धार करते हैं और सबको दूसरों के उद्धार के लिए सक्षम बनाते हैं।

विष्णु एक धीर और दयालु देवता हैं। इंद्र जिन परिस्थितियों से डरते हैं, विष्णु उन्हीं परिस्थितियों को आनंदमय बना देते हैं। उनका आसन मूलत: दूध के सागर पर तैरते हुए नाग का कुंडल है। जबकि इंद्र का सिंहासन डगमगाता है, विष्णु को उठती और गिरती लहरों द्वारा दिए गए झूले का आनंद मिलता है। वे लक्ष्मी को क़ैद नहीं करते, बल्कि यह सुनिश्चित करने पर ध्यान केंद्रित करते हैं कि लक्ष्मी उनके पास स्वेच्छा से आती रहे। वे स्वयं भूखे नहीं है लेकिन वे दूसरों का दिया हुआ खाना स्वीकार कर, भूखों में बाँट देते हैं। इस तरह विष्णु एक पावन आनंदमय चक्र बनाते हैं जिसमें लक्ष्मी को देकर वे लक्ष्मी को पाते हैं।

अगर मैं केवल अपनी भूख के बारे में सोचता हूं, तो मैं इंद्र हूं और मैं ऐसे स्वर्ग बनाने की दिशा में काम करूंगा जहां समृद्धि होगी लेकिन शांति नहीं। अर्थात, लाभ पर शुभ-लाभ नहीं। अगर मैं दूसरे लोगों की भूख के बारे में सोचता हूं तो मैं विष्णु हूं। मैं वैकुंठ पैदा करूंगा, जहाँ शांति के साथ समृद्धि होगी; अर्थात, शुभ-लाभ, सिर्फ लाभ नहीं। मैं अन्य लोगों की भूख को कैसे संतुष्ट करूं? दो विकल्प हैं - उन्हें वह फल दिया जाए जिसे वे खा सकें; या उन्हें यह सिखाया जाए कि बीज से पेड़ कैसे उगाया

जाता है। विष्णु बीज देते हैं और लोगों को बीज बोना, पेड़ उगाना और फलों का उपयोग करना सिखाते हैं। इसलिए वे केवल वैकुंठ में विराजमान नहीं रहते, वे समय-समय पर, सीमित अवधि के लिए पृथ्वी पर अवतरित होते हैं।

जब हम अपनी आय को फल के रूप में देखते हैं, तो हम इसका आनंद लेते हैं जैसा की इंद्र करते हैं। जब हम अपनी आय को बीज के रूप में देखते हैं, तो हम इसे दूसरों की मदद करने के लिए निवेश करते हैं। जैसा विष्णु करते हैं।

निवेश ऐसा तरीक़ा है जिससे हम ख़ुद को मदद करते हुए दूसरों की भी सहायता करते हैं ऋण या इक्विटी (पूंजी या व्यापार के हिस्से) के माध्यम से। निवेश से हमारी मदद होती है क्योंकि हम ऋण पर ब्याज कमाते हैं, और हम निवेशित पूंजी से किए गए मुनाफ़े का अपना हिस्सा कमाते हैं। साधारणतः

रण-भूमिः
मुझे डर है कि लक्ष्मी को मुझसे छीन लिया जाएगा क्योंकि मैं केवल अपने आप में निवेश करता हूं।

रंग-भूमिः
मुझे विश्वास है कि लक्ष्मी मेरे पास आएगी क्योंकि मैं हमेशा अपने हेतु दूसरों में निवेश करता हूं।

आय के दो भाग हैं:

आय फल और बीज दोनों है। गीता में, कृष्ण कहते हैं कि हमें क्रिया पर ध्यान देना चाहिए (बीज बोने) परिणामों पर नहीं (फल को बटोरने)।

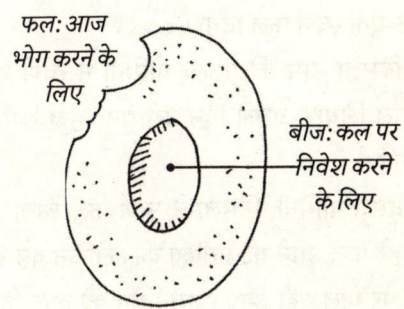

ऋण से नियमित और सुरक्षित रिटर्न मिलता है, और पूँजी निवेश से ऋण की तुलना में अधिक रिटर्न मिलता है। लेकिन पूंजी से मिलने वाला ऋण, ऋण से ज़्यादा होता है।

ये सब हम स्वयं कर सकते हैं, या फिर दूसरों के माध्यम से कर सकते हैं – जैसे हम स्वयं ऋण दे सकते हैं या बैंकों को ऋण देने के काम में उपयोग कर सकते हैं। हम सीधे किसी कंपनी के शेयरधारक बन सकते हैं या म्यूचुअल फंड के द्वारा ऐसा कर सकते हैं। मूल सिद्धांत यह है कि किस तरह से जोखिम को कम-से-काम किया जाए। हम जितने अधिक लोगों और कम्पनीयों के बीच अपने उधार को और अपने निवेश को बाटेंगे उतना ही पैसा डूबने का ख़तरा कम होगा। चूंकि हम अपने-आप से ज़्यादा लोगों और उद्यमों के साथ सौदा नहीं कर सकते हैं, हम बैंकों और म्यूचुअल फंड को हमारे लिए ऐसा करने देते हैं।

जिस तरह बीज अंकुरित होने और फल देने वाले पेड़ों में तब्दील होने में लंबा समय लगाता है, उसी तरह निवेश भी रिटर्न देने में लंबा समय लेता है। लेकिन हम अधीर हैं। हमें सब कुछ अभी चाहिए होता है।

और यह एक समस्याजनक स्थिति है। हम इसे तीन योगिनियों: विमला,

निर्मला और कमला की कहानी से सीखते हैं। इन तीनों योगिनियों को लक्ष्मी ने एक-एक स्वर्ण फल दिया।

विमला नाम की पहली योगिनी ने स्वर्ण फल खाया और स्वर्ण बीज को निगल लिया। अगले दिन उसे पुनः भूख लगी तो वह दूसरे फल की तलाश में गई।

दूसरी योगिनी, निर्मला ने स्वर्ण फल खाया और बीज बोया। उसने पौधे के सुनहरे फल उगने की प्रतीक्षा की। लेकिन वह दो साल बाद अधीर हो गई जब पेड़ पर फल नहीं आए। उसने पेड़ को काट दिया और अपनी सुनहरी लकड़ी एक बढ़ई को दे दी, जिसके बदले में उसे ढेर सारे फल मिले जो वह एक साल तक खा सकी।

तीसरी योगिनी, कमला ने स्वर्ण फल खाया, स्वर्ण बीज बोया और स्वर्ण फल उगाने के लिए पेड़ की प्रतीक्षा की। यह तीसरे वर्ष में हुआ।

निवेश करने में धैर्य की आवश्यकता है

पेड़ ने सौ सुनहरे फल पैदा किए। इस प्रकार तीसरी योगिनी ने धैर्य का मूल्य सीखा।

कमला ने सौ स्वर्ण फल खाए और फिर से सौ बीज बोए। तीन साल बाद, उनमें से प्रत्येक ने पचास स्वर्ण फल दिए। इसलिए उसके पास 2,500 सुनहरे फल और कई बीज जमा हो गए। इस प्रकार उसने घातीय वृद्धि (exponential growth) के बारे में सीखा, अर्थात प्रत्येक बीज से अनेक फल उगते हैं, और प्रत्येक फल में एक और बीज होता है।

लेकिन फिर सूखा पड़ गया। पेड़ों में एक वर्ष फल नहीं लगे। तीसरी योगिनी आशंकित हुई कि कहीं अगले साल भी सूखा पड़ा तो सारे सुनहरे फल वाले पेड़ मुरझा कर मर जाएंगे। एक विडंबना की स्थिति पैदा हो गयी - क्या उसे सुनहरी लकड़ी के सड़ने से पहले उसे काटना चाहिए और लकड़ी बढ़ई को बेच देनी चाहिए? लेकिन अगर अगले वर्ष सूखा नहीं हुआ तो? समझदारी दिखाते हुए उसने आधे पेड़ काट कर लकड़ी बेची और फल ख़रीद कर अपनी भूख मिटाई। अगले साल सूखा नहीं पड़ा। बचे हुए पेड़ों ने एक बार फिर से फल उगाए और उसने राहत की सांस ली। उसने समझदारी दिखाई और बुरे समय के दौरान अपने जोखिम को कम किया।

अगले कुछ वर्ष तक कमला ने कुछ सुनहरे फलों का खाकर आनंद लिया, परंतु बीज बोना नहीं भूली। उसके कुछ सुनहरे फलों को राक्षसों ने चुरा लिया। कुछ सुनहरे फलों को उसे असुरों को देना पड़ा क्योंकि उनका दावा था कि फलों के उद्यान की वजह से उनका जंगल उजड़ गया है। इसे कर के रूप में असुरों को दिया ताकि यह सुनिश्चित किया जा सके कि असुर उस पर हमला न करें। वास्तव में ऐसा ही हुआ – असुरों ने उसकी रक्षा की। उसने कुछ सुनहरे फल पिशाचों को दिए, जो फल तो लेते थे, लेकिन बदले में कुछ देते नहीं थे।

कमला अपनी बहनों विमला और निर्मला को कभी नहीं भूलीं। बीमार होने पर उसकी देखभाल करने के लिए उसने विमला को एक सुनहरा फल दिया।

इसे मैंने तब लगाया जब मेरी आयु थी	20	30	40	50
इसका आनंद तब मिलेगा जब मेरी आयु होगी	50	60	70	80

यह दक्षिणा थी, एक लेन-देन था। उसने निर्मला को बीज दिया, बदले में कुछ भी नहीं मांगा, और उसे बताया कि जब तक पेड़ फल नहीं देते तब तक उसे धैर्य रखना होगा। यह दान था, क्योंकि इससे विमला को स्वतंत्र होने में मदद मिली।

जब विमला का पेड़ बढ़ रहा था, विमला कमला से सुनहरे फल उधार लेती थी, इस वादे के साथ कि जब उसके पेड़ में सुनहरे फल उगेंगे, तो वह एक फल अधिक देगी। इस उधार ने कमला को अल्प जोखिम के साथ एक अतिरिक्त फल का सुनिश्चित रिटर्न दिया।

जब निर्मला का पेड़ बढ़ रहा था, कमला ने निर्मला को कुछ और फल देने के लिए कहा। उसने कहा, 'मैं फल खाऊंगी और बीज बोऊंगी और लगाए गए बीज की देखभाल करूंगी। यदि बीज बढ़ते हैं और फल लगते हैं, तो आधा उत्पाद तुम्हारा होगा। लेकिन अगर बीज से फल नहीं हुए तो मैं तुम्हें कुछ नहीं

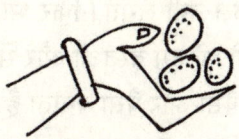 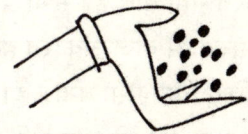

लोगों और व्यवसायों को **(ऋण)**: एक वर्ष के बाद चार फल वापस करने का वादा

व्यवसाय में शेयर खरीदना **(इक्विटी)**: यदि बीज अंकुरित होते हैं, तो आधे पेड़ और उनपर उगने वाले सारे फल मेरे हैं

दूंगी।' कमला जानती थी कि ऐसा होगा इसकी कोई गारंटी नहीं है। इसमें ज्यादा जोखिम तो है, लेकिन ज्यादा प्रतिफल भी है।

विमला द्वारा कमला से लिए गए ऋण पर ब्याज और निर्मला के साथ साझे लाभ के फलस्वरूप कमला को अपने बगीचे में बीज बोने और उसके देखभाल करने की ज़रूरत ही नहीं हुई। हर एक फल जो उसे विमला और निर्मला से मिला उसने ऋण या इक्विटी के रूप में पुनर्निवेश किया। दूसरों ने उसके लिए पुनर्निवेश किया। उसे सुनहरे फल मिलते रहे, और हर सुनहरे फल में एक सुनहरा बीज मिलता रहा, और हर सुनहरे बीज से और सुनहरे फल उगते रहे।

अंततः, कमला को फल, बीज और पेड़ों की देवी, शाकंभरी के रूप में जाना जाने लगा। इस यात्रा में उसने विष्णु बनना सीखा, न्यूनतम प्रयास डाल कर लक्ष्मी को बार-बार अपनी ओर आकर्षित करना सीखा; बुरे समय में हताश ना होना सीखा, और अच्छे समय का पूरा लाभ लेना सीखा।

पैसा बनाने के लिए हमें पैसे को फल और बीज के रूप में देखना

आवश्यक है। फल का हम भोग करते हैं। बीज हम निवेश करते हैं। सभी बीज अंकुरित नहीं होते हैं। सभी पेड़ों में फल नहीं लगते। फिर भी, यदि बहुत कम संख्या में बीज अंकुरित होते हैं, तो भी हम वस्तुओं और सेवाओं को प्रदान किए बिना पैसा बनाते हैं। हमारा पैसा और पैसा बनाता है। फल से बीज आता है, जिससे और अधिक फल मिलते हैं।

पैसा रूपी बीज कहाँ लगाएँ ताकि वह अपने-आप फल दें??	**आपके बचत का प्रतिशत**	**जोखिम की श्रेणी***	**रिटर्न की श्रेणी***
सेविंग अकाउंट		6	6
फ़िक्स्ट डिपॉज़िट		5	5
ऋण (उधार)		4	4
सोना		3	3
सम्पत्ति		2	2
इक्विटी फंड (शेयर)		1	1

*1 = अधिकतम and 6 = न्यूनतम

हम पहले कम जोखिम वाले और कम रिटर्न वाले ऋणों में बीज लगाते हैं और फिर धीरे-धीरे उच्च जोखिम वाले और उच्च रिटर्न वाले इक्विटी फंडों में निवेश करते हैं। जब हम विभिन्न उद्योगों में निवेश करते हैं तो हम अपने तमाम जोखिमों को फैलाते हैं। अर्थात, हमारे निवेश को विभिन्न प्रकार के फल देने वाले बीजों का एक बाग बनाने की ज़रुरत है जो विभिन्न मौसमों और आपदाओं के लिए अलग-अलग प्रतिक्रिया दें। यह सुनिश्चित करता है कि लक्ष्मी भविष्य में हमेशा हमारे रास्ते पर चलें।

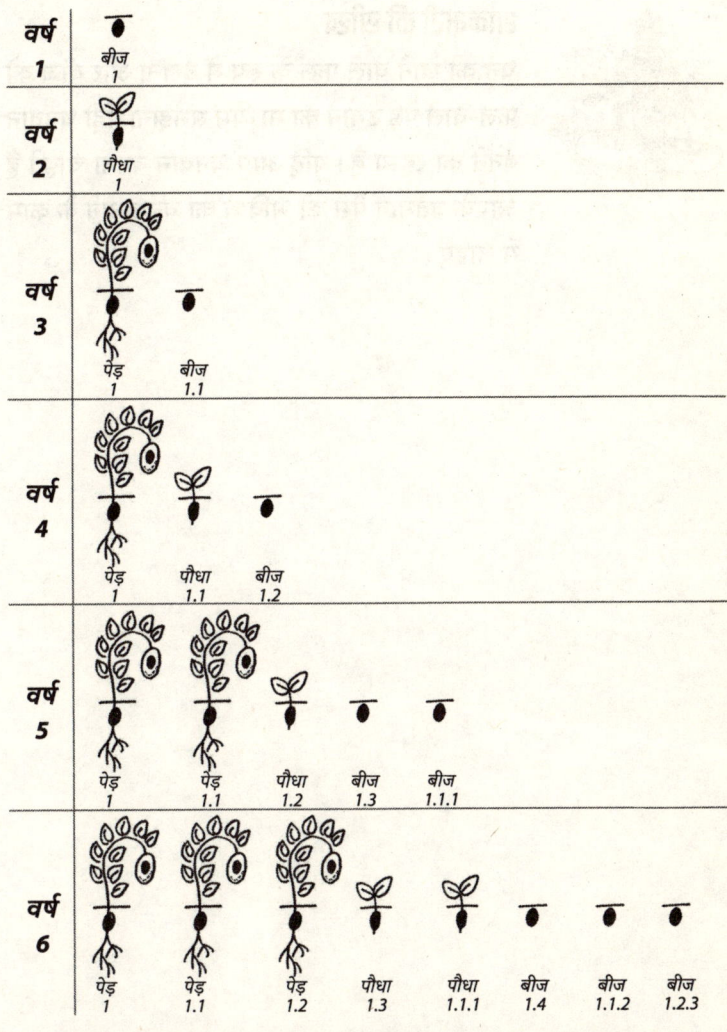

कल्पना कीजिए कि आपके पास एक बीज है जो 3 साल बाद एक फल देगा। तो तीसरे साल आप फल का आनंद ले सकते हैं और उसके बीज को मिट्टी में लगा सकते हैं। छठे वर्ष तक, आपके पास एक बीज से तीन पेड़ मिलेंगे। अर्थात, जितनी शीघ्रता से आप बीज बोएँगे, उतने ही अधिक फल आपको प्राप्त होंगे।

शाकंभरी की सीख

धन को खाने वाले फल के रूप में देखना और बीज को फल-वाले पेड़ उगाने का माध्यम समझना यही धनवान बनने का रहस्य है। यदि आप धनवान बनना चाहते हैं आपके वर्तमान पैसे को भविष्य का धन बनाने के काम में लाइए।

निष्कर्ष

वैदिक और पौराणिक कथाओं से सीखे 12 पाठ जिससे लक्ष्मी हमेशा हमारे रास्ते आएगी।

1. क्या धनी बनने की चाह सामान्य है ?
अन्नपूर्णा की भूख पर सीख:

धनी बनने का मतलब एक आरामदायक जीवन का आनंद लेना। और यह पूरी तरह से सामान्य है।

2. हम पैसा कैसे कमाते हैं ?
पैसा कमाने पर ब्रह्मा की सीख:

पैसे कमाने के लिए हमें ग्राहकों की भूख के प्रति संवेदनशील होना होता है और एक यज्ञ के भाँति उन्हें वह सब सामान और सेवाएं प्रदान करनी होती हैं जो वे चाहते हैं। तभी यज्ञ सफल होता है। अगर हम ग्राहकों की जरूरतों और मांगों के बारे में नहीं सोचते हैं, तो हम यज्ञ नहीं कर सकते।

3. हम पैसे कैसे खो देते हैं ?
आत्मतुष्टि पर बृहस्पति की सीख:

हम पैसा तब खोते हैं जब बाजार में कोई हमसे बेहतर सामान और सेवाएं देता है, या जब हमारे द्वारा पेश किए जाने वाले सामान और सेवाओं की कोई मांग नहीं होती है, या जब हम बाज़ार से प्रतिक्रिया लेने और सुधार करने हेतु आलसी हो जाते हैं।

4. हमारे ख़र्चों को कौन चुकाएगा ?
दायित्वों पर अगस्त्य की सीख:

हमें अपने ख़र्चे स्वयं चुकाने है। हमारी कमाई शुरू होने से पहले ही हमारे ज़्यादातर ख़र्चे बकाया हो जाते हैं। जब दूसरे लोग हमारे बिलों का भुगतान करते हैं, तो हम उनके क़र्ज़ तले आ जाते हैं। आज या कल, इस रास्ते या कोई और रास्ते, साहूकार अपने पैसों के वापसी की मांग करेगा।

5. हम पैसा कैसे बचाएं ?
बचत पर सत्यभामा की सीख:

हम पैसा तभी बचाते हैं जब हम जो कमाते हैं उसका 90 फीसदी से कम खर्च करते हैं। हमें पहले बचत करनी चाहिए और फिर खर्च करना चाहिए। बचत का मतलब है कि हम अपने भविष्य का भुगतान पहले कर रहे हैं। एक युवा व्यक्ति के रूप में हमें अपने बुढ़ापे का बंदोबस्त करना है, बजाय इस उम्मीद के कि हमारे बच्चे या परिवार हमारी देखभाल करेंगे। समझदारी इसी में है।

6. हम पैसा क्यों हड़पते हैं ?
जबरन वसूली और शोषण पर कुबेर की सीख:

हम तब पैसे हड़पते हैं जब हमारे पास आदान-प्रदान के लिए कोई अवसर नहीं होता है, या हमें आदान-प्रदान पर कोई भरोसा नहीं होता है, या जब हमारी भूख अन्य लोगों की भूख से अधिक मायने रखती है।

7. हम पैसों को कैसे संभाले ?
हिसाब और योजना पर गणेश की सीख:

हिसाब या लेखांकन और धन कमाने की योजना करना महत्वपूर्ण गतिविधियाँ हैं। नियोजन के बिना लेखांकन करना मतलब दीर्घकाल के बारे में न सोचना। लेखांकन के बिना नियोजन करना मतलब कार्यान्वयन में कमी।

8. हम कर से क्यों बच नहीं सकते हैं ?
निष्पक्षता पर शुक्र की सीख:

हम करों से तब तक बच नहीं सकते जब तक हम दुनिया में अन्य लोगों के साथ रहेंगे और जब तक हर भूखे व्यक्ति को खिलाने की क्षमता हम में नहीं रहेगी।

9. हम कैसे धन की रक्षा करें ?
बीमा और वसीहत पर हनुमान की सीख:

जब हम जीवित होते हैं, तब हम खुद को और हमारे धन को अनुमानित और अप्रत्याशित जोखिमों के विरुद्ध बीमा द्वारा रक्षा करते हैं। मर जाने के पश्चात हम अपने धन की रक्षा तभी कर सकते हैं अगर हमने जीवनकाल में एक स्पष्ट वसीहत तैयार की हो।

10. हम पैसे कैसे आकर्षित करते हैं ?
रिपीट ऑर्डर्स और रेफरल पर विष्णु की सीख:

हम पैसे को आकर्षित करते हैं जब हम अपने ग्राहक को अपने सामान और सेवाओं से इतना ख़ुश करते हैं कि वे वापस आते रहते हैं, और वे हमारी सिफ़ारिश भी करते हैं। यह सिस्टम को धोखा देकर, बाजार से चोरी कर, और कर्मचारियों का शोषण कर पैसे हड़पने के विपरीत है।

11. हम पैसा कैसे साझा करते हैं ?
दान और निवेश पर वरुण की सीख:

हम अपने बिलों का भुगतान करके, अपने ऋणों को चुकाकर और करों का भुगतान करके धन सांझा कर सकते हैं। ज़्यादातर बार बड़ी अनिच्छा से हम धन को साझा करते हैं। कभी-कभी हम उम्मीदों और शर्तों के साथ धन साझा करते हैं, या दुनिया को बदलने की उम्मीद करते हैं, या इसलिए करते हैं कि हमारा नाम रोशन हो जाए दुनिया में। लेकिन धन का सच्चा साझा करने का मतलब है बिना रिटर्न की चिंता किए किसी को पैसा देना, ठीक वैसे जैसे अपनी भूख की चिंता किए बग़ैर किसी भूखे को खिलाना होता है।

12. हम पैसा कैसे बढ़ाएँ ?
ऋण और इक्विटी पर शाकंभरी की सीख:

धन को खाने वाले फल के रूप में देखना और बीज को फल-वाले पेड़ उगने का माध्यम समझना यही धनवान बनने का रहस्य है। यदि आप अमीर बनना चाहते हैं आपके वर्तमान पैसे को भविष्य का धन बनाने के काम लाइए।

धनवान बनने का नक्षा

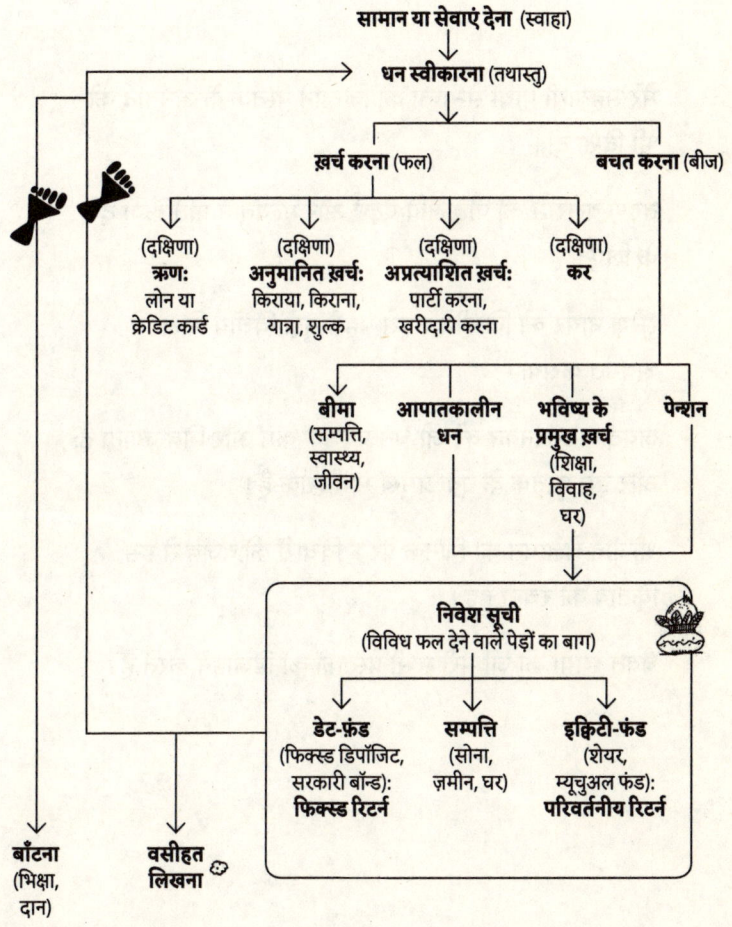

आभार

मेरे सहयोगी पार्थो सेनगुप्ता को जिन्होंने पुस्तक के अनुवाद को भी दिशा दी।

तरुण बलराम को पांडुलिपि पढ़ने और मूल्यवान प्रतिक्रिया देने के लिए।

सुरेश नायर को जिन्होंने सबसे पहले मुझे वित्तीय शिक्षा से अवगत कराया।

जयदीप उगरनकर को जो धन प्रबंधक कम और मित्र ज़्यादा हैं; और इस पुस्तक के एक प्रमुख मार्गदर्शक हैं।

श्रीजीत चेलप्पन को जिनके प्रेरक विचारों की वजह से इस किताब की रचना हुई।

धैवत छाया को जो मेरी सभी पुस्तकों को डिजाइन करते हैं।

मेरी गीता

-देवदत्त पट्टनायक

अपनी पुस्तक 'इन माय गीता' में, सुप्रशंसित पौराणिक कथाकार देवदत्त पट्टनायक समकालीन पाठकों के लिए भगवद्गीता के रहस्यों से परदा हटाते हैं। अपनी अनूठी शैली में-जो कि पदानुरूप न होकर कथानुरूप है, वे इस प्राचीन ग्रंथ को आमजन के लिए सरल रूप में प्रस्तुत करते हैं, साथ ही साथ इसमें पाठकों को उनकी विशिष्ट चित्रण शैली भी दृष्टिगोचर होती है।

एक ऐसी दुनिया में, जिसका झुकाव संवाद की जगह विवाद की ओर है, देवदत्त इस बात पर प्रकाश डालते हैं कि कैसे कृष्ण, अर्जुन को रिश्तों को परखने की बजाय समझने के लिए कहते हैं। भोग और अहं (आत्मसुधार, आत्म साक्षात्कार, आत्मानुभुति-यहां तक कि सेल्फी) से ग्रस्त दुनिया में यह और भी अधिक प्रासंगिक हो जाता है। हम यह भूल जाते हैं कि हम एक ऐसे पारिस्थितिकी तंत्र में रहते हैं, जहाँ हम एक दूसरे का भोजन, प्रेम और अर्थ के द्वारा पोषण करते हैं, उस समय भी, जब हम लड़ रहे होते हैं। तो अपनी गीता को मेरी गीता से सूचित होने दें। (देवदत्त पट्टनायक) का व्यक्तिपरक और कूटनीतिक शिल्प उनकी

इस नई पुस्तक में जगमगाता रहता है। (मेरी गीता) उनकी ऐसी पुस्तक है, जो उन्हें मिथक से दर्शन की ओर ले जाती है-जिसे वे पूरी निपुणता और कौशल के साथ गढ़ते हैं।

-स्क्रॉल.इन

'देवदत्त की पुस्तकें त्वरित रूप से पठनीय हैं, और उनसे मिलने वाला सबक अनमोल और दीर्घकालिक है।'

-बिजनेस टुडे

देवदत्त एक दक्ष कथाकार हैं, जिनमें प्राय: रमणीय और अभिनव बारीकी देखने को मिलती है।

-इंडिया टुडे

मेरी हनुमान चालीसा

-देवदत्त पट्टनायक

यह पुस्तक हिंदू धर्म की सबसे लोकप्रिय प्रार्थनाओं में से एक 'हनुमान चालीसा' के बारे में है। जब भी मैं अपनेआप में एवं इस दुनिया में नकारात्मकता का अनुभव करता हूँ, एवं जब भी सामाजिक नियमों के उल्लंघन और हिंसा के रूप में प्रकट होने वाले ईर्ष्या, क्रोध, और निराशा जैसे भावों से मेरा सामना होता है, तब मैं हनुमान चालीसा सुनता या पढ़ता हूँ। इसकी रचना लगभग चार सौ वर्ष पूर्व तुलसीदास द्वारा सरल भाषा (हिंदी भाषा की एक बोली 'अवधी' में) और सरल बहर (दोहा और चौपाई) में की गयी थी। इसके दोहे और चौपाईयों की संगीतमय प्रस्तुति मिथकों, इतिहास, लोकप्रिय हिंदू देवता हनुमान के रहस्यों और वैदिक ज्ञान को जन-जन तक ले जाती है। 'जैसे ही हनुमान चालीसा के एक के बाद एक पद सामने आते हैं, मेरे भयाक्रांत और विकल मन में ज्ञान और अंतर्दृष्टि के साथ विस्तार होने लगता है और मानवता में मेरा विश्वास आंतरिक और बाह्य रूप से बहाल होने लगता है।'

'मुझे लगता है कि पट्टनायक ने इस बात की नब्ज पकड़ ली है

कि 21वीं सदी में हिंदुत्व किस तरह स्वयं को व्यक्त करना चाहता है। अपनी अनुपम बुद्धिमत्ता के साथ, जहां वे धर्म के बारे में उदारवादियों के पक्ष को प्रस्तुत करने का हुनर रखते हैं, वहीं वे स्वयं को धर्मरक्षक मानने वाले पुरातनपंथियों के पक्ष को भी सामने लाते हैं।'

–अर्शिया सत्तार, आउटलुक

'पौराणिक जानकारियों का खजाना, एक ऐसा अद्वितीय पाठ जिसकी रचना के पीछे चमत्कारिक अनुसंधान है,............ज्ञानवर्धक, सूचनाप्रद, कई विमर्शों को विषय प्रदान करने वाली, तात्विक ज्ञान को समाहित किए यह एक अनमोल पुस्तक है।'

–कंकना बासू, डेक्कन क्रॉनिकल